A Sete Palmos

Uma Viagem à Prisão das Consciências

André Cozta
Pelo Senhor Exu Caveira

A Sete Palmos

Uma Viagem à Prisão das Consciências

Madras

© 2014, Madras Editora Ltda.

Editor:
Wagner Veneziani Costa

Produção e Capa:
Equipe Técnica Madras

Revisão:
Maria Cristina Scomparini
Arlete Genari

Dados Internacionais de Catalogação na Publicação (CIP)
(Câmara Brasileira do Livro, SP, Brasil)

Caveira, Exu (Espírito).
A sete palmos : uma viagem à prisão das consciências / pelo Senhor Exu Caveira ; [psicografado por] André Cozta. -- São Paulo : Madras, 2014.

ISBN 978-85-370-0921-5

1. Psicografia 2. Romance 3. Umbanda (Culto) I. Cozta, André. II. Título.

14-05562   CDD-299.672

Índices para catálogo sistemático:
1. Romance mediúnico : Umbanda 299.672
2. Umbanda : Romance mediúnico 299.672

É proibida a reprodução total ou parcial desta obra, de qualquer forma ou por qualquer meio eletrônico, mecânico, inclusive por meio de processos xerográficos, incluindo ainda o uso da internet, sem a permissão expressa da Madras Editora, na pessoa de seu editor (Lei nº 9.610, de 19.2.98).

Todos os direitos desta edição reservados pela

MADRAS EDITORA LTDA.
Rua Paulo Gonçalves, 88 — Santana
CEP: 02403-020 — São Paulo/SP
Caixa Postal: 12183 — CEP: 02013-970
Tel.: (11) 2281-5555 — Fax: (11) 2959-3090
www.madras.com.br

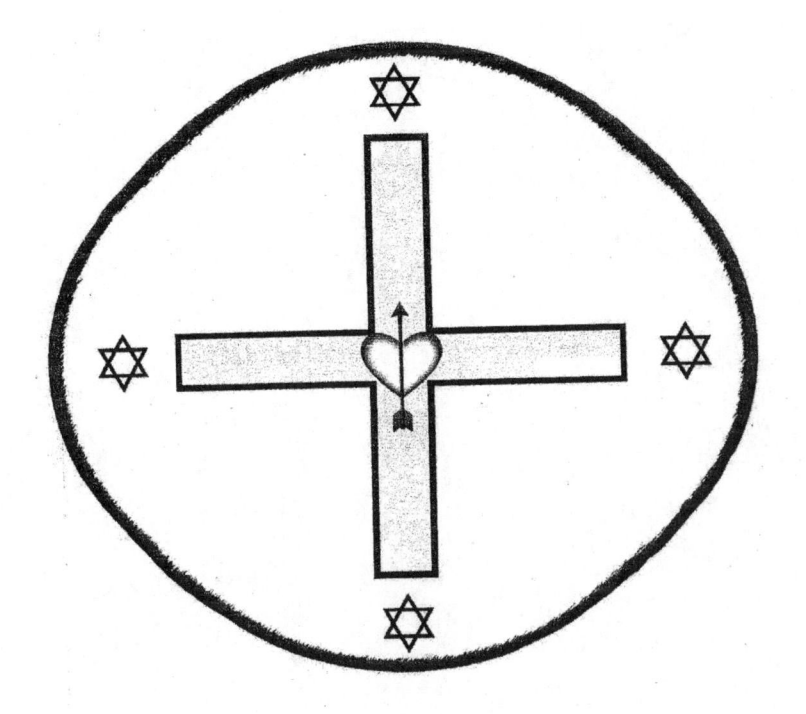

"Não há equilíbrio sem estabilidade,
não há estabilidade sem equilíbrio,
não há evolução sem justiça,
não há justiça sem evolução."

Mestre Rhady

Índice

Prefácio 9
Introdução 11
Realidade Nua e Crua 12
Libertando Consciências – Parte 1........................17
Libertando Consciências – Parte 2........................31
Libertando Consciências – Parte 3........................41

1º Comentário – Fé nos Mistérios. Eles Atuam em Prol
do Equilíbrio na Criação 56
Presa à Consciência pela Armadilha da
Vaidade – Parte 1 58
Presa à Consciência pela Armadilha da
Vaidade – Parte 2 68
Presa à Consciência pela Armadilha da
Vaidade – Parte 3 78
2º Comentário – O Oposto ao Amor Não Contribui
em Nada Para o Crescimento do Todo 86
Ignorância, a Cegueira Espiritual Humana – Parte 1 88
Ignorância, a Cegueira Espiritual Humana – Parte 2 100

3º Comentário – Buscar a Expansão é Trilhar na Senda do
Conhecimento 110
Breve Pausa para uma Reflexão...112
Amor, Magia e Conflitos – Parte 1 121
Amor, Magia e Conflitos – Parte 2 130

4º Comentário – A Busca pelo Equilíbrio Deve Ser
Incessante..143
Conduzindo uma Jornada Evolutiva – Parte 1 146
Conduzindo uma Jornada Evolutiva – Parte 2 157

5º Comentário – O Ser Não Consegue Manter a Ordem
à Sua Volta Se Não Ordena o Seu Mental.........................163
Atentando Contra a Evolução e Contra a Vida 165

6º Comentário –Somente a Transmutação Trará a
Estabilidade...175
Atentar Contra a Vida é Atentar Contra os Sete Sentidos...177

7º Comentário – Zelar pela Vida é Dever de Todos Nós....189
Depoimento Final..191

Prefácio

A Sete Palmos – Uma Viagem à Prisão das Consciências é mais uma obra mediúnica que tem uma missão a cumprir aqui no plano material, especificamente junto aos médiuns umbandistas, ensinando mais um pouco sobre as Leis das causas e dos efeitos, das ações e reações, sendo que um dos seus méritos é levar quem o ler à reflexão sobre os sentimentos íntimos negativos que atuam contra quem os vibra continuamente.

Sim, os sentimentos íntimos negativos, ainda que quem os vibre encontre justificativas em virtude dos acontecimentos desagradáveis, não se justificam, porque colocam as pessoas em sintonia vibratória mental com quem os desencadeou espiritualmente, fato este que cria ligações difíceis de serem rompidas.

Andre Cozta foi muito bem inspirado ao psicografar esta obra, porque toca nos pontos sensíveis com simplicidade, clareza e precisão, e isto só engrandece o valor deste livro.

Ao descrever as prisões conscienciais a que estão presos os personagens, coloca na frente do leitor um espelho no qual muitos terão seus íntimos refletidos, fato esse que despertará em alguns, ou em muitos, o desejo de deixarem de alimentar o ego com pequenos ódios, pequenas mágoas e frustrações, que, se não são visíveis, é porque estão aprisionados em seus íntimos.

A boa leitura induz uma mudança silenciosa no íntimo das pessoas, levando-as a se libertarem de estados de consciência negativos e aprisionadores. E, com certeza, a leitura atenta desta obra proporciona aos seus leitores a mudarem seus padrões vibratórios mentais, desligando os cordões vibratórios que vêm alimentando os sentimentos negativos ainda aprisionados em seus íntimos.

Exemplos não faltam nesta obra mediúnica, que, com certeza, ajudará muitos a se libertarem de suas prisões conscienciais.

Parabéns ao médium André Cozta e ao mentor espiritual de mais esta obra mediúnica, que vem se juntar a outras obras mais antigas que já vêm cumprindo suas missões junto aos seguidores da Umbanda!

Que o livro *A Sete Palmos – Uma Viagem à Prisão das Consciências* ajude muitos a se libertarem das amarras da consciência por meio da conscientização de que só o perdão a si mesmo e a quem os ofendeu tornará a colocá-los de frente para o nosso Criador!

Senhor Exu Caveira, muito obrigado por nos ensinar mais um pouco sobre nós mesmos!

Rubens Saraceni

Introdução

Esta obra à qual você chegou tem, em sua essência, o intuito de mostrar que tudo é possível quando nos voltamos para Deus.

Exatamente porque, ao nos depararmos com nossas limitações e falhas, crescemos e podemos recomeçar a trilha, que é longa, mas infinita.

Conhecer um Mistério à Esquerda da Criação, que está sob a irradiação do Divino Pai Omolu, muito abordado na literatura espiritualista, mas pouco explicado e compreendido, foi, para mim, mais uma lição.

E, como já escrevi em outras oportunidades, cada livro por mim concluído é um novo "diploma" na minha vida.

Espero que você faça bom proveito desta obra, que ela o esclareça acerca deste mistério tão controverso, o Mistério de Prisão e Reforma das Consciências.

E espero também, sinceramente, que, ao final deste compêndio, possa reformar alguns conceitos e rever-se internamente.

Desejo a você uma boa leitura!

André Cozta

Realidade Nua e Crua

Sob o Sol a pino, sob a luz da Lua Cheia, caminhando com sede em um deserto, à procura de uma divina gota d'água; ou perambulando por um bosque, perdido, rodando, rodando e chegando, invariavelmente, ao mesmo lugar; ou fugindo de algo ou alguém muito perigoso, sem saber para onde está correndo e onde deverá chegar, querendo, apenas, livrar-se daquela condição de terror e medo.

Nenhuma dessas situações descritas ou outras, tão perigosas e traumatizantes quanto essas, é comparável à de estar preso ao caixão, após o desencarne.

Muitos são os espíritos que permanecem por anos e anos presos aos seus corpos em decomposição, em decorrência da sua prisão, do seu apego à matéria enquanto encarnados.

Este livro retratará alguns casos nesse campo, fruto dos nossos estudos e observações, ao longo dos tempos, de experiências vividas por espíritos que desencarnaram, mas ainda assim ficaram presos à carne, ao seu ego, à sua vaidade e aos seus negativismos.

Ao longo dos séculos, temos percebido, em nossos trabalhos de Magia à Esquerda, em prol da humanidade como um todo, que o ser humano consegue transformar uma grande oportunidade que lhe é concedida por Deus (a encarnação) em um poço (muitas vezes sem fundo) de sofrimentos e suplícios.

Quando o ser chega a considerar-se autossuficiente, tenha certeza, já abandonou Deus e pretende caminhar sozinho, vendo em si todas as soluções para os seus problemas e até mesmo, em alguns casos, daqueles que vivem à sua volta.

Não atinam no fato de que Deus, ao criar-nos, o fez com o intuito de que vivêssemos em comunidade, uns colaborando com os outros. Assim quer o Pai, que seus filhos atuem e ajam, de fato, como verdadeiros irmãos.

Muitos desses seres têm como destino o que abordaremos como assunto central desta obra: o apego à carne. Apego este que lhes custará muito caro após o fim da jornada no plano material.

Aqui, mostraremos a realidade nua e crua, nada esconderemos.

Faz-se necessário, neste momento, que o plano material humano tenha esta realidade descortinada à sua frente. E assim, talvez, possam, os irmãos humanos encarnados, pensar e repensar seus atos, pensamentos e palavras.

Tenho caminhado por muitas plagas e visto, em vários planos da dimensão humana, especialmente no plano material e nas faixas vibratórias negativas (onde se encontram os irmãos caídos, em razão de seus negativismos aflorados), que a escravidão, tão cantada e decantada por muitos como o maior de todos os males, teria uma resolução simples, caso cada um dos humanos promovesse sua própria "alforria" em seu íntimo.

Porque, é mais do que comprovado, a Lei de Deus e Sua Justiça atuam corretamente, sem qualquer tipo de desvio, sobre toda a Criação e todos os Seus filhos.

Quando o ser humano consegue libertar-se da ilusão, da vaidade, do fanatismo, dos conceitos tacanhos (citando apenas alguns dos "verbos negativos" escravizantes), encontrará luz à sua frente, instantaneamente.

E, ao encontrar luz, encontrará o saber, a evolução, o amor, a fé, a expansão, o equilíbrio, a ordenação e a criatividade.

Porém, se fosse assim tão fácil, apenas haveria o paraíso na Criação de Deus.

O caminhar evolutivo é muito mais complexo, entretanto, muito mais "saboroso" do que muitos que até a esta obra chegaram podem imaginar.

Eu, um Mago à Esquerda, que dedico a minha existência a servir à Lei, à Justiça do Pai e à Vida como um todo, tenho aprendido que somente o trabalho nos leva à frente.

Todos nós, humanos (encarnados e desencarnados), caímos, levantamos, caímos de novo e levantamos novamente.

Os erros nos devem servir de aprendizado. Já disse o Mestre dos Mestres, Jesus Cristo: "Quem nunca errou, que atire a primeira pedra".

Porém, o erro, como lição, é valoroso e tem sabor de aprendizado. E esse valor e sabor serão experimentados por todos os seres que estiverem abnegados em servir à Criação de Deus e tomados por humildade.

Tudo parece muito simples aos olhos de quem lê esta minha dissertação, mas, infelizmente, caro irmão leitor, na prática, as coisas não funcionam assim.

Sempre haverá um momento em que o ser se considerará injustiçado pela vida, ou achará que aquela resolução que diz "intuir" é a melhor para si e, até mesmo, para o coletivo.

Saiba você, de "intuições egocêntricas" o mundo está cheio.

Banhados em vaidade, muitas vezes homens e mulheres se dizem orientados por seus guias e mentores espirituais, só que, infelizmente, não é bem assim que ocorre.

Estes, se não são intuídos por espíritos negativados que buscam instaurar o caos total na Criação de Deus, são-no por suas próprias vaidades e egos inflados.

E saiba você, caro leitor, são os que mais trabalho dão à nós, agentes da Lei, da Vida e da Evolução.

Não reclamo de trabalho e nunca reclamarei, em hipótese alguma. Mas, quando me refiro a "dar trabalho", falo da teimosia que acomete esses espíritos, tanto na carne quanto após o desencarne.

Não são poucos aqueles que, mesmo após anos, décadas, ou até séculos presos às suas formas e conceitos preestabelecidos no plano material (leia-se: presos à sua matéria decomposta e ao caixão), ainda assim, não abrem mão dos seus conceitos errôneos e passam a caminhar "soltos" pelo Universo ou, melhor dizendo, pelas faixas negativas. Ou, ainda, usando de um termo bem mais direto: pelas trevas, pelo inferno humano construído por cada um desses seres em seus íntimos e externado automaticamente ao seu redor.

Porque é exatamente assim que acontece.

Direcione seu mental ao paraíso e o terá ao seu redor no mesmo instante. Direcione-o ao inferno e o carregará pendurado em seu pescoço. Agora, não adianta mentalizar o paraíso e viver praticando atitudes egoístas, egocêntricas e individualistas.

Nesse caso, o ser terá o paraíso em seu mental e o inferno pendurado no pescoço.

Este livro trará à tona uma realidade revelada parcialmente em algumas obras já disponíveis no plano material, mas nossa intenção é mostrar um lado que ainda não foi aberto aos humanos encarnados.

Pois se faz necessário, neste momento, que homens e mulheres tomem consciência das consequências funestas das suas atitudes egoístas, maléficas e ignorantes.

Muitos serão aqueles que apedrejarão o autor psicógrafo desta obra.

O preconceito ainda cegará alguns, que interpretarão esta como uma obra "satanista", quando a intenção é justamente oposta. É trazer a todos no plano material esclarecimento sobre as consequências da ignorância e do negativismo humanos.

Desejo que leia este livro com o coração, porque é uma obra trazida por um Mago à Esquerda da Criação, servidor cósmico do Sétimo Sentido da Vida.

Eu sou Exu Caveira!

Libertando Consciências – Parte 1

A tarde caía naquele inverno de 1930.

Aquele dia fora nublado e frio. Poucas pessoas saíram à rua, preferindo ficar em casa, próximas às suas lareiras, aquecendo-se.

Em um lugar como aquele, no interior da Escócia, onde o inverno era rigoroso, o aquecimento físico, muitas vezes, promovia o acaloramento das almas e corações de muitos dos moradores daquele lugar.

Por volta das 18 horas, um homem magro, de meia-idade, aparentando cerca de 50 anos, aproximou-se de um dos túmulos do cemitério onde eu andava e observava, em seu lado etérico e até material, tudo o que ocorria naquele campo-santo.

Como Guardião Cósmico do Sétimo Sentido da Vida, sou um servidor do Divino Pai Omolu e, por consequência, guardo seus domínios, os quais se situam no lado "debaixo" desses pontos de forças de passagens.

Voltando àquela cena, que ainda permanece com muita clareza em minha mente, como se tivesse ocorrido há poucos minutos, parei para observar aquele homem que se aproximava daquele túmulo com um pequeno buquê composto por três rosas brancas em sua mão direita.

Assim que chegou bem próximo à tumba, ajoelhou-se, jogou o buquê ao chão, colocou as mãos no rosto e, em um impulso que mostrava ser, claramente, mais forte do que ele, caiu em prantos.

Chorava como chora uma criança que se perde dos pais em praça pública.

Ficou chorando ali por mais de meia hora; sua tristeza era tão grande que transmitiria a qualquer um que por ali passasse a sensação de ser aquela uma tristeza eterna.

Como se aquele homem estivesse ajoelhado ali, naquele local, para sempre...

O seu pranto transmitia uma tristeza banhada em culpa. E era, de fato, assim que ele se sentia.

Do lado de dentro da tumba, uma mulher, com seu corpo espiritual decomposto e o material já quase inexistente, chorava também.

Ela chorava e cobrava dele explicações.

Chamá-la-emos aqui de Virgínia. E a ele, de Joe.

– Joe, não seja fraco! Veja, sua fraqueza colocou-me aqui. Estou decompondo-me cada vez mais, fico aguardando que você me tire daqui e nada acontece. Pare de chorar e me tire daqui!

Joe, do lado de fora da tumba, nada ouvia, obviamente, o que ela falava.

Mas seus pensamentos negativados transmitiam a ele vibrações que o tornavam um homem desesperado, perdido.

Então, quanto mais ela transmitia sua agonia, mais ele se tornava um homem agoniado.

Em poucos minutos parado ali, observando e estudando aquela cena, pude concluir: Joe era um "morto-vivo".

Nós, os Guardiões, temos a curiosidade fluindo naturalmente dos nossos íntimos.

E, nessas situações, a fim de chegarmos às respostas e conclusões necessárias, vamos atrás das causas e origens dos casos de infortúnio espiritual que à nossa frente aparecem.

Pensei, naquele momento: "Eu não estaria aqui, assistindo a esta cena, por coincidência. E se assim quer meu Pai Omolu, assim será. Buscarei as causas que levaram esses dois espíritos a essa condição e tudo farei para libertá-los".

Porque é exatamente assim, caro leitor. Um Exu Guardião carrega em si a curiosidade, a perspicácia e a determinação incansável comum e característica aos detetives e policiais investigadores aí do plano material.

E, banhado pela certeza de que meu Senhor Omolu estava incumbindo-me da árdua, porém saborosa, tarefa de libertar aqueles irmãos, então, lá estava eu, Exu Caveira, pronto para servir ao Senhor da Vida, pronto para servir a Deus.

Parei e passei a mentalizar aquela imagem à minha frente.

Imediatamente, vi o espírito de Joe sair de seu corpo volitando para seu lado esquerdo. Mentalmente, segui-o para ver onde chegaria.

Aquela era uma projeção mental e seu espírito (mesmo que assim estivesse atuando, de forma inconsciente), em verdade, era a sua memória imortal que o levava ao que, eu julgava, poderia ser a origem (ou um momento na história daquele homem, muito próximo da origem) de todo aquele sofrimento.

Ele chegou ao Egito Antigo. Depois pude saber, era o século II d.C.

Vestido com roupas características da época, Joe caminhava por uma trilha deserta e pensava, refletia muito sobre algo que deveria fazer em breve.

Tentei penetrar em sua mente, mas percebi que, naquele momento de sua existência, Joe sabia controlar o seu mental, não permitindo que qualquer outro espírito humano o fizesse.

Foi naquele instante que pude concluir que Joe era, naquele momento da sua existência, um Mago.

Caminhou por muitos quilômetros. E eu, naquela projeção mental, fui seguindo aquele homem.

Em poucos minutos, a projeção de Joe no Egito Antigo já o mostrava em um enorme salão, um templo religioso, conversando com uma mulher. E essa mulher era Virgínia.

Discutiam de forma áspera. Estava, ali naquele momento, deflagrada uma divergência entre ambos.

Fui interrompido por uma voz rouca e grave, que disse:

– O senhor não deve fazer isso!

Olhei para trás e vi um enorme homem, muito forte, com barba grisalha; usava um turbante preto e branco, com um quartzo branco em seu centro; tinha pele de cor marrom.

Ele prosseguiu:

– Há muitos séculos estamos guiando esse homem. Infelizmente, nos últimos tempos, ele tem dificultado muito nossas conexões. Simplesmente não nos ouve, apagou em seu íntimo a sua essência mágica. E, quando assim o fez, apagou a origem de toda a sua força, ou seja, o ponto central que o mantinha ligado às suas forças amparadoras e, principalmente, à sua alimentação Divina.

– Compreendo, caro Mago! Já posso perceber que esse homem é seu tutelado...

Ele me interrompeu:

– Ele é um tutelado da nossa Ordem... a Ordem Mágica do Templo da Vida e da Fé, caro Guardião. Saiba que solicitamos, ao Divino Senhor Guardião da Vida, sua presença e seus préstimos. Por isso o senhor está aqui hoje, por isso estamos nos encontrando. Mas não julgo que seja prudente que o senhor saiba tudo tentando invadir o mental do nosso tutelado, compreende?

Sacudi a cabeça afirmativamente. Ele prosseguiu:

– Convido-o a acompanhar-me ao nosso salão. Lá, poderemos conversar melhor e poderei expor ao senhor, Guardião Cósmico do Sétimo Sentido da Vida, o que realmente levou nossos tutelados a esta condição.

– Vossos tutelados?

– Sim, caro Guardião! É preciso que saiba e compreenda que tanto esse homem quanto a mulher que se encontra presa ao túmulo são tutelados da nossa Ordem.

Começava a compreender ali que, realmente, havia sido enviado àquele local pelo Senhor Omolu com o intuito de servir àqueles Mestres Magos, à Esquerda, auxiliando-os na libertação das consciências dos seus tutelados. E pude concluir também que a Ordem Mágica do Templo da Vida e da Fé estava sob a irradiação do meu Divino Senhor Omolu e do Divino Pai Oxalá.

O Mago sorriu, como se tivesse lido meus pensamentos, e falou:

– É exatamente isto, senhor Guardião! Servimos ao Senhor Cósmico da Vida e ao Senhor da Fé. E foi por conta dessa ligação com o Senhor Omolu que chegamos até este Guardião. Temos no senhor, saiba, nossa última esperança de libertação das consciências desses nossos tutelados.

Confesso que, naquele instante, um arrepio gelado tomou conta do meu corpo. Mas, em hipótese alguma, Exu Caveira recusa um serviço à Vida, à Fé ou a qualquer um dos Sete Sentidos.

E não seria ali, naquele momento, que eu fraquejaria.

Em poucos instantes, encontrávamo-nos no nobre salão da Ordem Mágica do Templo da Vida e da Fé.

Lá, pude saber que aquela Ordem, assim como inúmeras Ordens Magísticas, ou apenas religiosas, existentes além do plano material, nas muitas esferas espirituais superiores da dimensão humana da vida no planeta Terra, ampara inúmeros humanos (encarnados e desencarnados – alguns caídos às faixas vibratórias negativas e outros militando nas faixas luminosas da vida).

As ditas Ordens Mágicas ou Magísticas amparam seres que, na sua essência, carregam a Magia (mesmo que durante suas jornadas tenham desvirtuado seus caminhos e negativizado suas essências mágicas) ou os que, em algum momento das suas jornadas, devem ter na Magia um recurso acelerador das suas evoluções. Pois, por meio dela, servirão aos seus semelhantes e, por consequência, a Deus.

Esses são os humanos que costumamos dizer: "estagiam na Magia e, por consequência, nessas Ordens Mágicas".

O problema é que, quando esses "estagiários" humanos negativizam esse sentido que seria provisório em suas jornadas, acabam tendo de recuperar-se por intermédio dele, e o dito estágio acaba prolongando-se por muitos e muitos séculos, no mínimo!

Há também as Ordens simplesmente religiosas. Estas amparam seres que, em inúmeras encarnações, são sacerdotes ou atuam vibrantemente e de modo forte no Sentido da Fé, ou seja, nas religiões.

Porém, as Ordens Mágicas, invariavelmente, dão amparo a essas Ordens Religiosas; e muitos dos seus tutelados, além de atuarem na Magia (falo daqueles que não caem ou caíram ou ainda cairão), acabam atuando nas inúmeras religiões espalhadas pelo mundo, especialmente as esotéricas, as exotéricas, magísticas e naturalistas.

Bem, voltemos ao que interessa.

Encontrava-me no salão da Ordem do Templo da Vida e da Fé. Uma Ordem Magística e Religiosa por Excelência. Magística sob a irradiação Cósmica do Divino Pai Omolu e Religiosa sob a irradiação Universal do Divino Pai Oxalá. Portanto, era uma organização em que, inevitavelmente, seus tutelados trilhavam o caminho da magia e da religiosidade.

O Mago que até lá me conduziu sorriu para mim e falou:

– Fico feliz em ver que está maravilhado com nossa Ordem, Senhor Exu Caveira!

Sorri para ele e nada falei. Ele prosseguiu:

– Com o passar dos tempos, temos procurado direcionar nossos mentais para a evolução dos nossos tutelados e, por consequência, da nossa Ordem. Mas o senhor sabe muito bem, não está nada fácil conduzir as rédeas destes nossos "cavalos" enquanto encarnados. Eles, quando aqui conosco, são os mais aplicados, dedicados, juram servir ao Pai por toda a eternidade, sem titubearem. Mas, basta alojarem-se no corpo carnal e tudo muda...

Interrompi-o, dizendo:

– Sei bem o que se passa com um espírito humano na carne e as funestas consequências das nossas infantis atitudes, senhor...

Ele completou, revelando-me seu nome:

– Mestre Mago da Luz Ywigerh, senhor Guardião!

– Pois é, Senhor M.M.L. Ywigerh, como eu lhe dizia, conheço bem as dores humanas. Talvez até, por isso, eu tenha sido encaminhado para ajudá-lo na libertação das consciências destes seus tutelados.

– Não tenho dúvida alguma quanto a isso, Senhor Exu Caveira!

Conversamos demoradamente. Pude ver a origem daquela história, que ia além do Egito Antigo.

Iniciava-se em Atlântida.

Lá, Virgínia e Joe mantiveram um romance. Ambos eram magos que cultuavam, nos pontos de forças naturais, as divindades manifestadoras dos Poderes Divinos, que hoje conhecemos, sob os nomes africanos, como os Sagrados Orixás.

Nessa encarnação, tudo ia muito bem, até que o ego e a vaidade, como sempre competentíssimos, acabaram alojando-se entre aquele homem e aquela mulher e tudo foi à bancarrota.

Começaram a "disputar" veladamente supostos poderes. Acreditavam realmente possuírem algum poder.

A vaidade os cegava e não permitia que, por meio de suas conexões mentais com seus Mestres Excelsos, enxergassem que, Poder, somente Deus possui.

Banhados nesse ledo equívoco, começaram a "divinizar" forças muito negativizadas, do embaixo, achando que estavam conectados com as Sete Vibrações de Deus.

E foi aí que tudo começou a dar errado.

Ele foi o primeiro a, banhado em vaidade com seu ego inflado, usar de recursos de baixa magia para anulá-la como maga e até mesmo como ser humano.

Porém, ela sempre fora dotada de uma percepção ímpar, fora do comum. E, rapidamente, "enxergava" o que lhe era enviado e, sem dó nem piedade, revidava em dobro.

Porém tudo isso ocorria até dado momento, em um cenário de muito cinismo, pois ambos buscavam atingir o outro, embora continuassem se encontrando e mantendo relações sexuais.

Os dois estavam presentes no Dilúvio (que todos conhecem na versão bíblica pelo personagem Noé, mas que, em realidade, ocorreu em todo o planeta; vários "Noés", que na verdade eram magos e sacerdotes, prepararam-se para tal fenômeno).

Nossos amigos estavam tão banhados em vaidade e tão ocupados com suas "agendas" de mesquinharias, que foram pegos de surpresa e acabaram desencarnando quando tal catástrofe natural acometeu o plano material da vida humana.

Ambos caíram, em domínios por demais escuros, na Terceira faixa vibratória negativa, abaixo do plano material. Porém, ficaram por alguns séculos em domínios diferentes, servindo a diversos senhores do embaixo.

Mantiveram essas ligações, diga-se de passagem, por muito tempo. Mantinham-nas, inclusive (e mesmo que inconscientemente), naquele momento em que fui conduzido pelos Divinos Senhores da Vida e da Fé para cuidar daquele caso.

Então, ao longo dos séculos, uma velada batalha era travada entre os dominadores do embaixo e os Senhores Magos da Luz da Ordem Mágica do Templo da Vida e da Fé.

Enquanto os valorosos M.M.L. daquela Ordem não poupavam esforços em "puxá-los" para cima, aqueles senhores do embaixo, de modo muito competente, pela vaidade e anti-humildade, soberba, mantinham certo controle (parcial, porém suficiente para estagnar suas evoluções) sobre suas consciências.

Mais um detalhe que se faz necessário para a completa compreensão deste caso: não bastando tudo o que já relatei, os senhores dos domínios do embaixo aos quais ambos estavam ligados eram inimigos ferrenhos.

Imagine você o que foi a existência desses dois seres, filhos do Criador, ao longo dos séculos.

Se a Ordem Mágica do Templo da Vida e da Fé buscava promover encontros entre ambos, ao longo das encarnações, para que, de mãos dadas, caminhassem e cumprissem suas missões sob os olhos e amparo daquela organização da Luz, lá debaixo, os senhores dos domínios inimigos buscavam também forçar esses encontros para concretizarem seus projetos mesquinhos.

Podemos ver, em um caso como este, que as trevas não são compostas por seres "bobalhões" ou por presas fáceis a qualquer ser que à Luz sirva.

Em hipótese alguma!

Os verdadeiros senhores de domínios trevosos são seres de inteligência aguçadíssima, a ponto de saber aproveitar-se de uma necessidade como esta, da Luz, e fazer desse "limão" uma "limonada".

Prolonguei-me nesta dissertação, para que o caro leitor desta obra possa compreender realmente como se dá a evolução, especialmente nos casos de seres que por demais se negativizaram.

Ainda no salão, conversando com aquele Mestre Mago da Luz, pude transitar pelas principais encarnações daquele casal.

A encarnação que visualizei no Egito foi a que se sucedeu à Era Cristalina (e também após alguns séculos de permanência de ambos nas trevas).

Nessa encarnação, a história foi se "repetindo" graças à competente atuação dos senhores do embaixo aos quais já estavam ligados.

Os cordões de ligação, daquele homem e daquela mulher, com tais domínios trevosos eram tão fortes que eu, um Exu

Caveira, me apavorei ao projetar-me mentalmente à encarnação do Egito. Através da minha visão espiritual, pude perceber aquela ligação que, de tão densa e tão "negra", dava a impressão de que ambos possuíam "caudas" pretas.

Nos períodos entre encarnações eles não se encontravam. Passavam anos e anos escravizados por seus senhores, sendo humilhados e cobrados por não terem eliminado de fato um ao outro. Na verdade, queriam que seus "escravos" fossem a ponte, a ligação para chegar ao inimigo e eliminá-lo.

O senhor do domínio que escravizava Joe possuía uma forma meio humana, meio felina.

Era um ser de humor seco, obviamente, mas que transmitia um sorriso capaz de desenergizar e derrubar qualquer ser humano.

Sua ligação com Joe deu-se a partir do momento em que, na encarnação cristalina, em Atlântida, o infeliz, dotado de conhecimento mas banhado em vaidade e soberba, começou a sacrificar gatos para o Senhor Mehor Yê (conhecido hoje, pelo nome africano, como Senhor Orixá Exu).

Então, sacrificou gatos e acabou ativando uma determinada força, ligando-se àquele ser no polo negativo.

Virgínia, ainda na encarnação em Atlântida, em suas vociferações raivosas, mentalizava a morte para seu "amado" e também para todas aquelas pessoas que a contrariavam.

E, por meio de seus trabalhos, por muitas vezes, evocou uma suposta Senhora do Amor, para a qual oferendava, pedindo-lhe que tirasse determinadas pessoas do caminho.

Resultado: só naquela encarnação, foi responsável pela morte de mais de 20 pessoas.

E acabou ligada a uma senhora do embaixo, que se divertia em vê-la por décadas, sempre que desencarnava, ou até mais de um século, algumas vezes, presa ao caixão.

É a partir do caso de Virgínia que centraremos esta história.

Por intermédio dele e de outros que aqui relataremos, você poderá perceber que há um Mistério Negativo que rege esses espíritos que se mantêm presos ao caixão.

Invariavelmente, eles atentaram contra a vida. Não necessariamente como no caso de Virgínia, que abreviou a vida de muitos semelhantes. Porém, verão aqui também casos de pessoas que atentaram contra a própria vida, pelos vícios e vaidade, e por muito tempo ficaram presas às suas tumbas.

Portanto, muito cuidado com a máxima que diz: "Enquanto eu estiver fazendo 'mal' para mim e não atingindo a terceiros, está tudo certo".

Não, caro leitor, não está e nunca estará tudo certo!

Atente contra a sua vida, abrevie-a, suicide-se. E sua chance de passar uma temporada preso à sua própria consciência, ou ao caixão, se assim prefere, será de quase 100%.

Pude ver vários encontros daquele casal: na Itália Medieval, em Portugal do século XVIII, entre outros que aqui não citarei, até o fatídico encontro na Escócia, no fim do século XIX e início do XX.

Naquele ano, 1930, já fazia 12 anos que Virgínia havia falecido.

E, mesmo com esse tempo passado, Joe não conseguia libertar-se dela.

Ela, na verdade, uma bruxa talhada há muitas encarnações, mesmo inconscientemente, sabia mantê-lo preso a ela.

Ele, um Mago antigo, no entanto, estava com sua essência mágica apagada e não sabia, não podia nem queria reagir.

Em todas as encarnações em que se encontraram, tiveram seus "reencontros" promovidos, invariavelmente, pela magia e pela religião.

Assim foi em Atlântida, no Egito, na Itália, em Portugal e na Escócia.

À exceção do Egito, onde Joe se mostrou mais forte e conseguiu tirar Virgínia do páreo (em Atlântida, ambos foram levados pelo dilúvio); em todas as outras encarnações, Virgínia "levou a melhor".

Na encarnação italiana, inclusive, ela o matou friamente a facadas, depois de uma tórrida noite de sexo.

Após visualizar mentalmente, por horas e horas, todas aquelas encarnações, encontrava-me preparado para a luta.

Então, Mestre Ywigerh olhou-me e falou:

– Percebo que já se encontra devidamente munido de informações e possui o conhecimento para adentrar neste caso e resolvê-lo, Senhor Exu Caveira!

– Perfeitamente, Senhor Mestre Ywigerh!

– Por onde o senhor sugere que comecemos, senhor Guardião Cósmico do Sétimo Sentido da Vida?

– Como Guardião do Pai Omolu, o Senhor da Vida, o Orixá que zela pela Geração, digo-lhe que, em virtude de o vosso tutelado encontrar-se enfraquecido e completamente entregue ao senhor que o escraviza (não que vossa tutelada não esteja fraca e escravizada), devemos começar anulando a senhora que atendeu em sua última encarnação pelo nome Virgínia e que também é tutelada da Ordem Mágica do Templo da Vida e da Fé.

– Mas por que devemos começar por ela, Senhor Exu Caveira?

– É muito simples, Senhor Mestre Mago da Luz: ela, embora esteja enfraquecida, encontra-se menos fraca do que ele e ainda consegue, usando de sua essência mágica, manipulá-lo através do seu mental. Ela, Senhor Ywigerh, está presa à sua consciência e ao caixão, porque, ao longo dos tempos, atentou por demais contra a Vida. E eu sou um Guardião Cósmico da Vida. Portanto, a primeira coisa a ser feita é anular suas ações e intenções. Em seguida, anularemos a ligação dela com o mistério negativo que a sustenta, libertando-a. Automaticamente, estaremos promovendo também uma libertação parcial do senhor que nesta encarnação se chama Joe. Porque somente o libertaremos totalmente quando conseguirmos livrá-lo daquele felino assentado lá embaixo.

– Entendo perfeitamente seu estratagema, Senhor Exu Caveira! Saiba que nós, os Mestres Magos da Luz da Ordem Mágica do Templo da Vida e da Fé, também servimos ao Divino Senhor Omolu, assim como servimos ao Divino Pai Oxalá. E, sob a irradiação deles, podemos afirmar que confiamos nas suas convicções e no seu trabalho. Portanto, tem todo o nosso apoio e respaldo, para que possamos libertar as consciências do nosso menino e da nossa menina.

Curvei-me diante daquele Mestre Mago da Luz em agradecimento.

Saí daquele salão, naquele dia, com a certeza de que teria, dali em diante, uma missão árdua e saborosa, como sempre são as missões designadas aos Guardiões.

E também tive a certeza, naquele momento, de que seria bem-sucedido, porque Exu Caveira nunca entra em uma batalha para perder.

Libertando Consciências – Parte 2

Eu teria, para aquela missão, todo o amparo necessário da Ordem Mágica do Templo da Vida e da Fé, assim como, também, do meu Divino Senhor Omolu e do Divino Pai Oxalá.

Dentro dos ditames da Lei do Pai, representada, no campo onde atuo, pelo Senhor Ogum Naruê, eu deveria anular todas as "fontes sustentadoras" dos negativismos que alimentavam aqueles senhores do embaixo e esgotavam as energias de Virgínia e Joe.

Mais um pouco, se nada fosse feito, ambos desceriam além da terceira faixa vibratória negativa, bestializando-se ou "animalizando-se".

E, neste caso, libertar suas consciências se tornaria uma missão, além de ainda mais árdua, de uma dificuldade gigantesca.

Por isso, era o momento exato para tal tarefa ser executada. E qualquer falha poderia ser fatal. No entanto, em meu íntimo, algo dizia que seríamos bem-sucedidos naquela missão.

Ainda não tinha, naquele momento, a consciência de que a tarefa a mim incumbida pelo meu Divino Senhor Omolu era o primeiro passo para os meus estudos acerca do Mistério que rege aqueles que ficam presos aos seus caixões após o desencarne, ou seja, o Mistério servidor da Lei de Deus que regula e pune aqueles que atentam, de alguma forma, contra a vida, mantendo-os presos às suas tumbas, para que ali reformem suas consciências.

E, nem sempre, anos, décadas ou séculos nessa condição conseguem promover a renovação íntima.

Daí, surgem algumas reencarnações de pessoas que se revoltam e esbravejam contra a Criação de Deus, questionando-a.

Reencarnam jurando-se e autointitulando-se injustiçadas. Se não passam pela carne como ateus, fazem-no, ao menos, como descrentes em Deus e nas religiões.

E são, invariavelmente, essas pessoas que colocam para fora toda a negativização que habita seus íntimos através do olhar, dos gestos e das palavras.

Deixo claro aqui que isso não significa que todo assassino ou suicida, após desencarnar, fique preso ao caixão. Até porque, a fim de a Lei encaminhar a punição adequada, há outros parâmetros e quesitos que são avaliados e colocados na Balança da Justiça Divina, regida pelo Senhor Xangô.

Quando falo em "atentar contra a vida", é preciso que fique bem claro: não me refiro somente a assassinatos.

Há pessoas que passam pelo plano material sem nunca ultrapassarem a linha de Lei dos humanos encarnados (ou seja, não matam semelhante algum), porém passam boa parte desse período (se não o período inteiro) atentando contra a vida.

Reflita acerca disso, caro leitor!

Volte-se para o seu íntimo. Lembre-se de atos seus ou de pessoas próximas ou conhecidas.

Será que você nunca promoveu ou presenciou um ato, ao menos, ofensivo à vida?

Como você e as pessoas que estão à sua volta lidam com a vida ao redor? Como tratam a Natureza, o meio ambiente? Como veem e tratam as espécies, criaturas e animais?

Pense muito sobre isso!

Prolongo-me, algumas vezes, fugindo da história, pois é mais do que necessário neste momento que você saiba que Deus não tolerará mais esse tipo de atitude por parte dos humanos.

O planeta Terra já está por demais debilitado por conta da irresponsabilidade e da arrogância humanas.

E tudo isso, você já sabe muito bem no que deu, não é mesmo?

Desequilíbrio ecológico, catástrofes naturais.

"Inocentes" aqueles que, em nome da ganância, promoveram os "assassinatos" naturais que ocorreram ao longo dos tempos no Planeta, ao achar que a Natureza Mãe nunca reagiria.

Temos visto bem e de que forma os maus-tratos para com nossa Mãe estão retornando.

Voltemos à nossa história.

Após sair do salão da Ordem Mágica do Templo da Vida e da Fé, recolhi-me por algumas noites no campo-santo, onde me pus a refletir acerca daquela missão a mim incumbida.

Considerei necessário um bom período de reflexão, pois era uma tarefa que exigia, de minha parte, atenção e dedicação especiais.

Em dado momento, durante minhas reflexões, fui interrompido pela bela visão de uma mulher à minha frente.

Sorrindo, ela falou:

— Percebo que se encontra compenetrado em suas reflexões, Senhor Guardião Exu Caveira!

Encontrava-me sentado em uma pedra e, imediatamente, levantei-me.

Curvei-me, saudando-a, e falei:

— A que devo a honra da visita de tão bela moça em meu recanto?

Ela sorriu. Era uma bela mulher, pele branca, cabelos negros ondulados, olhos grandes; trajava um vestido rubro, com rendas nos ombros e em sua extremidade sul, próximo aos pés.

Falou:

— Fiquei muito feliz, Senhor Exu Caveira, quando fui informada de que o caso da minha querida menina seria passado ao senhor.

— Então, a senhora é Guardiã dela?

— Sim, cuido dela, à Esquerda, há alguns séculos. E o senhor sabe muito bem que nós, as Guardiãs Tutelares, nos afeiçoamos rapidamente às nossas meninas, sorrimos quando atingem o sucesso e sofremos quando se negativizam, como é o caso da minha...

Ela abaixou a cabeça, visivelmente triste, deixando algumas lágrimas percorrerem seu rosto.

Tentando animá-la, falei:

— Não deve ficar assim, Senhora Maria Molambo do Cruzeiro!

— Percebo que já me identificou rapidamente, Senhor Exu Caveira! É, além de um belo homem, também muito astuto e perspicaz.

— Eu, um belo homem, Senhora Maria Molambo do Cruzeiro? Não acha que está exagerando na cortesia comigo? Sou, literalmente, uma caveira, coberta por uma veste e um capuz pretos, carregando um cetro preto à mão esquerda. Onde consegue ver beleza nisso?

— Nos seus olhos, meu senhor! Através deles, vejo sua alma. E consigo ver que, apesar dos infortúnios, dos altos e baixos da sua jornada, lá no íntimo, sempre habitou um ser que amou, ama e amará a Deus e Sua Criação acima de tudo. Erros, todos cometemos um dia, não é, meu senhor? Mas, o mais importante, é que, daqui para a frente, trabalharemos muito, mais e mais a cada dia, a fim de conduzir nossos irmãos ao caminho ao qual também queremos chegar... e que nos leva aos braços do Pai.

Eu, visivelmente emocionado, falei:

— Percebo que a senhora é, realmente e em tudo, uma Guardiã Pombagira. Somente alguém, banhado nas qualidades dessa Divina Orixá, consegue penetrar em meu íntimo de tal forma, invadir minha essência com tanto afeto e delicadeza. Agradeço por sua visita, Senhora Maria Molambo do Cruzeiro, e coloco-me à sua disposição para ajudá-la em qualquer coisa que precise.

— Já está me ajudando muito, Senhor Exu Caveira, só pelo fato de ter aceitado o desafio de recuperar minha querida menina.

— Conte comigo, senhora Guardiã!

Daquele momento em diante, conversamos, ali, durante dias e noites.

Pude, pelos relatos daquela Guardiã à Esquerda de Virgínia, obter alguns pormenores das suas encarnações e, consequentemente, seus encontros com Joe, ao longo dos tempos, além de alguns fatos ocorridos em decorrência da ligação da tutelada daquela Guardiã com a senhora de domínio da terceira faixa vibratória negativa.

Em seus relatos, a Senhora Maria Molambo do Cruzeiro deixou transparecer toda a sua mágoa por ter sua menina presa a um domínio trevoso.

Procurando consolá-la, falei:

— Entenda, Senhora Maria Molambo do Cruzeiro, o nosso trabalho, à esquerda desses irmãos, é sempre o mais delicado.

Ainda triste, ela sacudiu a cabeça afirmativamente, concordando comigo. Prossegui:

— Temos contra nós as tentações da carne, a vaidade, o ego, a arrogância, a soberba e a ignorância humanas (entre outros verbos), que, na carne, afloram por demais e criam muros que nos separam cada vez mais daqueles aos quais suas tutelas, à Esquerda, nos foram entregues.

— Eu sei, meu senhor, sei bem disso tudo que está me falando, mas, mesmo assim, sinto-me impotente. Gostaria de invadir aquele domínio e acabar de vez com aquela demoníaca que prende minha menina. Mas, como Maga à Esquerda da Ordem Mágica do Templo da Vida e da Fé, não posso, em hipótese alguma, por mais que esta vontade exploda em meu íntimo, agir desta forma.

– Sei disso, Senhora Maria Molambo do Cruzeiro. E sei também que a razão prevalece em suas atitudes. Não devemos esquecer nunca de que os tutelados colhem o que plantam. E se Virgínia está nessa condição, é porque a ela buscou.

Ela sorriu... um sorriso triste.

As Ordens Mágicas (ou Magísticas) possuem também Magos e Magas à Esquerda que atuam, tanto de forma magística quanto religiosa, na vida dos seus tutelados, em muitos casos, plasmados em formas que respondem a Mistérios Espirituais Humanos (leia-se, neste caso, falanges de Exus e Pombagiras).

E, frequentemente, esses Guardiões à Esquerda dos tutelados encarnados, afora a forma plasmada do Mistério ao qual respondem, são pessoas que possuem uma íntima ligação com aquele tutelado que se encontra encarnado. Em alguns casos, inclusive, tiveram passagens na carne juntos, que podem ter resultado em boas ou más experiências.

É por isso que se percebe, especialmente entre os médiuns de Umbanda e Quimbanda, uma relação de amor e afeto forte entre os que se encontram encarnados e seus Exus e Pombagiras.

Mas, se isso é bem comum com aqueles que guardam os encarnados à Esquerda, saiba também, caro leitor, que não é tão incomum quanto possa parecer com seus guias espirituais da Direita.

Prosseguimos com nosso prazeroso diálogo. Ela me falou:

– Senhor Exu Caveira, deveremos sair daqui fortalecidos e convictos de que atuaremos sob a irradiação do Senhor Omolu, do Senhor Ogum Naruê e da Senhora Iansã das Almas, e que teremos sucesso nessa empreitada...

Fiquei observando que, enquanto falava, os olhos daquela guardiã, que eram grandes, saltavam, como se fossem sair de órbita. Ela demonstrava toda sua emoção através do olhar. Prosseguiu:

– ... E, para isso, para que completemos nossa equipe nessa jornada nada fácil, Senhor Exu Caveira, precisamos aguardar pelo Guardião do amor e desafeto da minha querida menina!

Nesse momento, ela foi interrompida por uma voz grave, que falou:

– Cá estou! Boa-noite, Senhora Maria Molambo do Cruzeiro!

Olhou para mim e disse:

– Boa-noite, Senhor Exu Caveira!

Fiquei muito feliz em rever um amigo de longa data.

– Estou feliz em revê-lo, Senhor Tranca Ruas das Sete Encruzilhadas!

Ele abriu um sorriso largo. Falei:

– Não entendo como não pude associar toda esta situação ao senhor. Agora lembro que, em nosso último encontro, falou-me que estava servindo a uma Ordem Mágica e cuidando da Esquerda de um menino...

– Exatamente, irmão Exu Caveira! Foi designado pelo meu Senhor Ogum Megê, que, sob os olhos do Senhor Ogum Naruê, eu atuasse nessa ordem de servidores do Senhor Omulu e do Divino Oxalá.. Então, como tenho a missão de trilhar pelos Sete Mistérios de Deus, cá estou, neste momento, servindo a esta Ordem e cuidando deste menino.

Falei:

– Bem, então, percebo que nossa equipe está formada e poderemos, a partir de agora, seguir em frente...

Fui interrompido por aquele Exu, que falou:

– Creio que ainda não, irmão Caveira! Assim como teve a possibilidade de estar no salão da Ordem Mágica do Templo da Vida e da Fé, conhecendo melhor o caso e também, por meio da longa conversa com a Senhora Maria Molambo do Cruzeiro, penso que devemos, antes de partir, conversar sobre o que tem se passado com este menino que tem sua Esquerda sob a minha tutela.

Falei:

– Perfeitamente, Senhor Tranca Ruas das Sete Encruzilhadas, assim faremos!

Ficamos ali, os três, por mais alguns dias e noites, conversando.

Pude ouvir daquele Guardião alguns detalhes acerca da caminhada de Joe. Detalhes estes, aliás, que se tornariam fundamentais, mais à frente, no exercício de libertação consciencial daqueles dois espíritos humanos em desequilíbrio.

Ao final da longa conversa, falei:

– Bem, Senhora Maria Molambo do Cruzeiro, Senhor Tranca Ruas das Sete Encruzilhadas, penso que já podemos partir para a parte prática dessa nossa tarefa.

– Também creio que sim, Senhor Exu Caveira!– falou a guardiã.

– Então, vamos já, caro amigo! – falou aquele Exu.

Partimos daquele local, onde eu refletia sobre uma enorme pedra, banhados no desejo de libertação daquelas consciências.

Partíamos para uma árdua tarefa que, mal eu sabia naquele momento, seria um passo importante na minha jornada de Exu Guardião, nos estudos acerca do mistério que prende consciências a fim de reformá-las, ou, melhor dizendo, aquele que prende aos caixões os espíritos que, de algum modo, atentaram contra a vida.

Já havia presenciado e trabalhado em alguns casos desse tipo, sempre com a intenção natural de um Guardião em libertar esses espíritos para que seguissem suas jornadas. Porém, o detalhe de que seria, a partir de então, incumbida a mim a tarefa de estudar este Mistério para passá-lo ao plano material ainda não fora aberto para mim.

Atentar contra a vida é atentar contra a Criação de Deus.

Todo aquele que atentou contra a vida terá, mais cedo ou mais tarde, um acerto de contas com meu Divino Senhor Omolu.

E, se acertará as contas com ele, resta alguma dúvida de que encontrará Exu Caveira pelo caminho?

Mas tudo isso, a partir de agora, será relatado nesta obra, a qual, se não é puramente didática, pretende ser esclarecedora para que, daqui para a frente, todo e qualquer humano encarnado reflita bem acerca das suas atitudes.

A seguir, teremos a terceira e última parte dessa história. Mas, se teremos a história encerrada, saiba você, caro leitor, estaremos apenas iniciando nossa jornada literária por entre túmulos e caixões.

Libertando Consciências – Parte 3

Transitamos por alguns cemitérios durante sete noites e sete dias.

Pretendíamos encontrar um espírito que labutava sob a irradiação do Senhor Omolu e que poderia ser decisivo naquela empreitada.

Vamos chamá-lo aqui nesta obra de Mestre Yonah.

Trata-se de um espírito muito antigo, um verdadeiro ancião, um mago que, desencarnado nos primeiros tempos da Era Cristalina, mais exatamente em Atlântida, teve uma queda vertiginosa pelas faixas vibratórias negativas, chegando até a quarta, onde esteve no "limbo", ou seja, muito próximo da possibilidade de cair para a quinta faixa negativa e "animalizar-se". Porém, voltou-se para o seu íntimo, entregou seu coração e sua vida à Deus e passou a servir a Ele, o que faz com gigantescas desenvoltura e competência até hoje.

Esse Mago, antes da queda vertiginosa que quase o levou à penúria humana, passou muitos anos preso à sua consciência, por conta do seu ego inflado e da sua vaidade. Considerava-se o grande mestre dos magos e, por conta disso, adentrou à "Prisão das Consciências" e manteve-se "colado" à sua tumba por muito tempo.

Em seguida, como já relatei, caiu ainda mais.

E, quando acordou da ilusão e viu-se como um ser divino caído, voltou-se para o Alto, pediu perdão e uma chance a Deus. Imediatamente foi atendido. E passou a trabalhar, sob a irradiação do Pai Omolu, como Mago e agente aplicador do Mistério de Prisão das Consciências.

Trocando em miúdos, o Mago Yonah passou a ser um dos espíritos humanos trabalhadores do lado cósmico do Sétimo Sentido da Vida, responsável pela execução da pena àqueles que agridem à Vida, sendo-lhes determinado pela Lei que passem um período presos às suas tumbas refletindo, reformando suas consciências e, fundamentalmente, suas atitudes.

O Mistério de Prisão e Reforma das Consciências é, sim, um Mistério sob Irradiação e responsabilidade do Pai Omolu. Mas, se esses Magos aplicadores a este Divino Orixá, o Senhor da Vida, servem, porque por ele são irradiados pelo Alto, saiba você, caro leitor, que possuem, à sua Direita, a irradiação da Justiça e, à sua Esquerda, a irradiação da Lei.

Em suma: todos servem ao Pai Omolu, mas, em hipótese alguma, aplicam qualquer sentença em desacordo com a Lei e a Justiça de Deus, pois são amparados e fiscalizados, o tempo todo, pelo Divino Pai Ogum e pelo Divino Pai Xangô.

Porque, se são aplicadores deste Mistério Maior da Geração e da Vida, só o fazem quando a sentença é determinada pela Justiça Maior. Então, em sua atuação, são aplicadores da Lei, com irradiação do Pai Ogum à sua Esquerda e aplicadores do Mistério da Prisão das Consciências com irradiação do Divino Pai Omolu, do Alto.

E que fique bem claro, para todo aquele que chegou a esta obra, que não estamos falando de demônios ou anjos caídos. Já está mais do que na hora de as pessoas tirarem essas capas folclóricas dos seus mentais.

Vamos encarar a Criação de Deus como ela realmente é!

Deus não é punidor, como muitos acham. Nem é isto que pretendemos mostrar aqui. Até porque toda a punição aplicada nesses casos foi "conquistada" pelos espíritos em questão.

Ou não é assim que tudo tem ocorrido?

Reflita acerca disso, com humildade... e verá que tenho razão.

Após uma longa procura, encontramos o Mago Yonah no "embaixo" de um cemitério, trabalhando em alguns casos que estavam necessitando da sua atenção.

Alguns desses casos envolviam espíritos que, mesmo presos aos caixões, possuíam uma força mental que demandava por parte dos guardiões do Mistério de Prisão das Consciências, muitas vezes, atitudes mais radicais.

Usavam da sua força mental, plenamente conscientes da situação em que se encontravam, para manipular espíritos perdidos pelos arredores do campo-santo onde estavam enterrados, colocando-os sempre a serviço dos senhores dos domínios do embaixo com os quais mantinham ligações.

Não devemos esquecer que, assim como Virgínia, todo e qualquer espírito que se encontre nessa infeliz condição possui ligações através de cordões energéticos com senhores ou senhoras de domínios trevosos.

Ficamos por algum tempo aguardando, até que o Mago Yonah pudesse nos atender.

Fomos recepcionados por uma bela mulher, chamada Alva.

Trajava um belo vestido preto. Possuía um alfanje vermelho impresso em seu peito e usava um lenço vermelho que, na testa, possuía sete cruzes pretas invertidas.

Ela falou:

– O Senhor Yonah já aguardava sua visita. Chamo-me Alva e estou aqui para auxiliá-los no que precisarem.

Dei um passo à frente e falei:

– Agradecemos pela sua gentileza e vontade em colaborar conosco, sra. Alva, mas, o caso que trazemos é delicadíssimo e só mesmo o Senhor Yonah poderá resolver.

– Bem – disse ela –, então, sendo assim, deverão aguardar por algum tempo ainda, que não sei lhes precisar qual é.

– Sem problemas, minha senhora, aguardaremos o tempo que for necessário.

Esperamos por algumas horas naquele lugar frio e sem graça.

Alva nos chamou, acompanhando-nos até um lugar que por ela foi chamado de salão, mas, em realidade, era uma caverna.

No teto daquele ambiente, pude perceber alguns galhos mortos de árvore.

O chão era seco e frio.

Caminhamos até um trono onde, assentado, nos aguardava o Mago Yonah.

Ele falou:

– Senhor Exu Caveira, que prazer tê-lo aqui! Percebo que é o chefe dessa expedição. Já faço alguma ideia do que querem, simplesmente porque identifico esses guardiões que o acompanham, servidores de uma Ordem que atua sob a irradiação do meu Divino Senhor Omolu.

– Perfeitamente, Senhor Yonah! Gostaríamos de conversar sobre o caso da menina tutelada desta Ordem, guardada por esta Pombagira que me acompanha..

Ele deu um soco no braço esquerdo do seu trono e, esbravejando, interrompeu-me:

– Já percebo o que vocês pretendem, Senhor Exu Caveira! E saibam que, em hipótese alguma, libertarei aquela infeliz! Trata-se de uma mulher mesquinha, egoísta, afogada em sua vaidade e negativismos e que, ao longo dos tempos, tem se mostrado indigna da alcunha de maga tutelada de tão benemérita Ordem... como é a Ordem Mágica do Templo da Vida e da Fé.

– Mas, caríssimo Senhor Yonah, perceba, a própria Ordem está trabalhando incansavelmente na recuperação dela...

Mais uma vez, por ele fui interrompido:

– Esses Mestres carregam em seus corações a benevolência digna e característica da Fé, daqueles que são irradiados diretamente pelo Sagrado Pai Oxalá, Senhor Guardião Cósmico do Sétimo Sentido da Vida! Porém, eu não tenho nem devo ter compaixão de quem quer que seja. Minha função é executar a pena designada a todo aquele que contra a Vida atenta, sendo sentenciado que fique sob a custódia do Mistério da Prisão e Reforma das Consciências, ao qual sirvo com toda a minha devoção. Quero dizer: se é determinado pela Lei do Pai e Sua Justiça que este Mistério seja aplicado, assim o farei. E não negociarei com quem quer que seja, Senhor Exu Caveira!

Percebi, naquele momento, que aquela seria uma negociação muito difícil.

Pus-me a pensar por um instante. Olhei nos olhos daquele Mago e falei:

– Senhor Yonah, o que aconteceria à Virgínia se, por ventura, neste momento o senhor a libertasse da Prisão das Consciências?

– Pela ligação que ela tem com um domínio da terceira faixa negativa, seria levada para lá, imediatamente.

Ele pensou por um instante, mais uma vez deu um soco com a mão esquerda no braço esquerdo do seu trono e falou, esbravejando:

– Mas não me venha com essa, Senhor Exu Caveira! Percebo sua intenção. Os senhores, Exus Guardiões, são muito astutos, porém eu estou acostumado a lidar convosco e não permitirei nunca, em hipótese alguma, que transponham minha linha de raciocínio. Eu sei que o senhor quer me convencer a libertá-la, dizendo-me que a maior punição que ela pode ter é estar perante a senhora do domínio ao qual está presa e que, de algum modo, mantendo-a presa ao caixão, estou ajudando-a. Porém, Senhor Exu Caveira, saiba que este seu argumento não funcionará comigo.

Realmente, eu estava à frente de um Mago perspicaz, de raciocínio rápido e inteligência ímpar.

Percebi, naquele instante, que a Senhora Maria Molambo do Cruzeiro estava nervosa. Não conseguia conter-se ou disfarçar. Sentia, ali, naquele domínio, que o destino da sua protegida estava se encaminhando para algo bem pior do que podia imaginar.

O Senhor Tranca Ruas das Sete Encruzilhadas, friamente, a tudo observava.

A Senhora Guardiã, em dado momento, pediu a palavra, que lhe foi imediatamente concedida pelo senhor daquele domínio.

Ela começou a falar pausadamente:

– Senhor Mago Yonah, peço, respeitosamente, que atente para um detalhe...

Ele ficou observando-a com a mão esquerda ao queixo. Ela prosseguiu:

– A Lei do Pai e Sua Justiça devem sim ser aplicadas, invariavelmente! E sei que um espírito na condição e posição em que o senhor se encontra, em hipótese alguma se fragilizará por conta dos negativismos de outros espíritos que contra a vida atentaram. Tenho plena consciência disso. E, por isso, quero que saiba que não estou aqui para pedir nenhum tipo de favor para a minha querida menina.

Ele observava-a curiosamente. Eu olhava para ela e, de vez em quando, observava-o, a fim de tentar descobrir o que pensava. Mas o mental daquele espírito era impenetrável. E o Senhor Tranca Ruas das Sete Encruzilhadas, ainda assim, friamente, a tudo observava.

A Senhora Guardiã fez uma pausa, por um instante, respirou fundo e prosseguiu:

– Porém, sempre raciocinando e buscando soluções dentro dos limites da Lei de Deus, gostaria de chamar ao senhor e aos meus companheiros nesta jornada, para que acompanhem meu raciocínio.

Ele sacudiu a cabeça afirmativamente.

– Se formos tão radicais na aplicação das sentenças, meu senhores, não recuperaremos mais nenhum filho de Deus. E, então, teremos o caos estabelecido, pois isto permitirá uma avançada dos senhores de domínios do embaixo. Quero dizer: qualquer radicalização agora, de nossa parte, é tudo o que eles almejam e precisam.

O Mago Yonah perguntou:

– O que a Senhora Guardiã sugere, então?

– Que demos a ela uma chance, assim como todos nós tivemos um dia, não é verdade, Senhor Yonah?

Por um instante, o Mago aplicador do Mistério da Prisão das Consciências pôs-se a pensar.

Olhou para ela, para mim e para o Senhor Tranca Ruas das Sete Encruzilhadas e falou:

– Por mais plausível que possa ser seu argumento, minha senhora, em hipótese alguma passarei por cima da sentença determinada pelo Senhor Xangô. Não posso, saibam, me sobrepor ao Mistério que guardo com devoção, como já disse. Pois uma sobreposição deste porte é pretender sobrepor-se a um Divino Orixá como é meu Senhor Omolu. E a punição para todo e qualquer espírito humano que pretenda ou intencione isto, os senhores sabem muito bem, é altíssima! Mas há algo que posso fazer sim...

Todos sorrimos.

– ... Posso permitir que os senhores adentrem o espaço onde ela se encontra refletindo sobre suas atitudes ao longo dos tempos.

Em suma, o Mago Yonah queria dizer que nós, com a sua permissão, teríamos acesso e poderíamos adentrar a tumba onde se encontrava presa Virgínia.

Você pode perguntar-se, lendo esta história, o que aconteceria a Joe. Por que o Senhor Tranca Ruas das Sete Encruzilhadas estava presente se nada estávamos fazendo por Joe naquele momento?

Basta que percebamos o seguinte: todas as angústias de Joe, ainda encarnado naquele momento (mesmo que ele não tivesse plena consciência disso), passavam por sua ligação ancestral e encontros atribulados com Virgínia.

E como ela, de onde se encontrava, fazia de tudo para perturbá-lo, então cortar o mal pela raiz seria, simplesmente, recuperar Virgínia. Pois, ou aquela mulher mudava o rumo da sua senda evolutiva, ou, muito provavelmente, cairia mais, em breve, e se tornaria um caso praticamente perdido para a sua guardiã, assim como para a Ordem Mágica do Templo da Vida e da Fé.

Convencido de que, concedendo-nos aquela oportunidade, havia uma mínima chance de sermos bem-sucedidos em nossa empreitada, o Senhor Mago Yonah determinou que Alva nos acompanhasse o tempo todo.

E assim aconteceu.

Ela, Alva, praticamente não falava. Apenas ouvia e observava a tudo.

Transitamos por corredores escuros, sempre conduzidos por Alva. Não sabíamos exatamente para onde estávamos indo, mas tínhamos plena convicção de que estávamos no caminho certo.

Depois de algum tempo transitando, uma enorme porta abriu-se, após uma determinação de Alva.

Fomos sugados tão rapidamente, que não pude perceber de onde saía e para onde estava indo.

Em uma fração de segundos, encontrávamo-nos dentro da tumba de Virgínia. À nossa frente, seu caixão, que, para a nossa visão, estava descoberto.

Ela, deitada, estava presa por grossos cordões pretos.

Eu, um Exu Caveira, fiquei apavorado com o estado cadavérico daquele espírito. Seus olhos estavam esbugalhados e ela nos olhava com curiosidade.

Podia perceber que ela já estava tão acostumada com aquela situação, que se sentia acomodada naquele pequeno espaço, como uma pessoa que adentra seu lar, deita-se em sua cama e lá permanece por algumas horas, descansando.

Só que, neste caso, ela deitou na "cama", sentiu que não podia mais sair dela e assim se conformou.

Após alguns instantes, Virgínia reconheceu sua guardiã e, ironicamente, falou:

– Após todo esse tempo, você aparece aqui para me ver. Se não fosse tão relapsa, eu não estaria aqui. Nem sei por que veio agora. Pode ir embora!

A Senhora Maria Molambo do Cruzeiro, com lágrimas nos olhos e olhando firmemente para a sua tutelada, falou:

– Nossa Ordem quer recuperá-la, minha querida menina! Mas você precisa contribuir. Queremos tirá-la daí.

Virgínia interrompeu-a e falou:

– Não me venha com essa! Vocês nunca se preocuparam comigo. Se estou aqui, a culpa é sua, é deles.

– Em hipótese alguma! – falou em tom alto a Guardiã.

Alva, eu e o Senhor Tranca Ruas das Sete Encruzilhadas, em silêncio, a tudo observávamos.

A Guardiã falou:

– Você tem noção de tudo o que fez durante todos estes séculos? Quantas pessoas você prejudicou? Quantas você matou?

Ironicamente, Virgínia falou:

– Ora, minha guardiã, fiz tudo sempre sob a sua orientação!

A Pombagira soltou uma enorme gargalhada e falou:

– Não seja tola, menina! Sempre quem lhe falou negativamente foi, em primeiro lugar, a sua consciência e, por consequência disso, a senhora do domínio ao qual você se prendeu.

Virgínia passou a ranger os dentes, tentava desvencilhar-se dos cordões negativos que a prendiam ao caixão.

Alguns ratos começaram a percorrer seu corpo.

Berrando, ela falou:

– Você é essa mulher da qual fala! Você me prendeu aqui! Então, tire-me daqui agora ou acabo com você!

Seus dentes pretos emitiam uma vibração por demais densa.

A Senhora Maria Molambo do Cruzeiro rodou sua saia sete vezes no sentido anti-horário, fazendo com que sua tutelada travasse os dentes, rangendo-os e gritando de dor.

Intervim e, em tom alto, falei:

– Basta!!!!!!!

Apontei meu cetro para o caixão de Virgínia. Ela passou a acalmar-se e começou a chorar como uma criança, dizendo:

– Eu só queria tê-lo ao meu lado! Queria que fosse meu... e tudo ficaria em paz...

Interrompi-a:

– Você queria que ele fosse seu, de sua posse, que aos seus desejos cedesse e se anulasse como ser.

O Senhor Tranca Ruas das Sete Encruzilhadas falou:

– Por conta do seu negativismo, meu menino encontra-se perturbado ainda. E não tem consciência do real motivo, da raiz de tudo, que o levou até os tormentos pelos quais passa hoje. Você precisa, Virgínia, imediatamente, parar de emitir vibrações negativas para ele.

Vinda de muito longe, uma voz feminina berrou:

– Nãããooooooooo!!!!

Um vendaval nos envolveu e, em uma fração de segundos, nos encontrávamos todos no domínio daquela senhora à qual Virgínia estava presa há séculos.

Assentada em um trono de pedra, ela, praticamente nua (estava apenas envolvida por algumas "tiras de pano" preto em seus ombros e cintura), tinha à sua volta sete mulheres cadavéricas e com seus corpos deformados.

Ela bateu com um chicote preto, que estava na sua mão esquerda, ao chão três vezes e esbravejou:

– Como ousam invadir meus domínios e tentar corromper uma escrava minha?

Imediatamente, tomei a frente e falei:

– Primeiramente, minha senhora, a posse de todo e qualquer domínio daqueles que infringem a Lei do Pai é relativa. Cá estamos, agentes da Lei de Deus e da Vida, em nome do Senhor Nosso Criador, em nome do Divino Omolu, em nome do Divino Xangô e em nome do Senhor Ogum Naruê, para informá-la de que seu reinado acaba neste instante.

Ela soltou uma enorme gargalhada que ecoou por todo aquele ambiente.

Com a mão esquerda, girei meu cetro sete vezes no ar, no sentido anti-horário, apontei para ela que, imediatamente, foi envolvida por ondas vibratórias roxas; estas, em um primeiro momento, prenderam-na ao trono e, em seguida, jogaram-na longe, a uma distância de aproximadamente seis metros. Caiu aos meus pés, com o rosto colado ao chão e falou:

– Nunca fui humilhada desta forma em meus domínios!

– A senhora está desafiando um mistério servidor cósmico do Sétimo Sentido da Vida. E, em nome do meu Pai Omolu, determino, neste instante, que liberte esta menina. Vá, Senhora Annyt, liberte-se dos seus negativismos. E liberte esta menina. Não viva com a memória no passado, tentando vingar-se da Criação, por conta dos seus insucessos e erros!

Em um tom de voz mais tranquilo e chorando, passou a falar (ainda com o rosto colado ao chão):

– Eu não fiz nada que não fosse, Senhor Exu Caveira, tentar ter de volta o que sempre foi meu.

A Senhora Maria Molambo do Cruzeiro aproximou-se dela, estendeu a mão e falou:

– Venha, Annyt, volte para o seu lar, sirva ao Pai. A Ordem Mágica do Templo da Vida e da Fé a aguarda, para uma reparação. E, no campo-santo, saiba que as guardiãs servidoras da Divina Mãe Iansã das Almas também aguardam por você. Há muito trabalho a ser feito para a Luz.

O Senhor Tranca Ruas das Sete Encruzilhadas falou:

– É certo, Annyt, que você tem muitas contas para acertar, mas saiba, somente trabalhando como servidora do Criador você terá condições de superar isto com dignidade.

Levantamos aquela infeliz mulher, que foi levada pela Senhora Maria Molambo do Cruzeiro. As suas sete escravas também acompanharam a Guardiã.

Ficamos ali, naquele ambiente trevoso.

Virgínia, aos berros, presa ao caixão, falou:

– Esperem-me, tirem-me daqui, os senhores não podem me deixar aqui, presa deste jeito! Eu não fiz nada que justificasse esta pena!

Aproximei-me do caixão, olhei em seus olhos e falei:

– Como Guardião da Vida, servidor Cósmico do Sentido da Geração, soldado do meu Divino Pai Omolu, informo a você agora, Virgínia, que, infelizmente, você ainda precisa passar algumas décadas, ao menos, neste reformatório consciencial onde se encontra. Afinal, nem mesmo tudo o que tem ocorrido serviu para acionar em você o alerta da humildade. E, como Guardião da Vida, preciso informar-lhe que um espírito como você, que contra a vida atentou por demais ao longo dos séculos, só se libertará dessas amarras que você mesmo impôs à sua alma quando, humildemente, reconhecer-se como um espírito em evolução que optou pelo caminho incorreto.

No momento em que terminei de falar, Alva aproximou-se do caixão. Ao longe, pude ver o Senhor Mago Yonah, que a tudo observava.

Alva desapareceu daquele domínio levando o caixão e Virgínia de volta ao seu lugar.

Saímos dali, eu e o Senhor Tranca Ruas das Sete Encruzilhadas, e volitamos até o domínio onde o felino que aprisionava Joe se encontrava.

Ficamos naquele domínio por algumas horas observando todos os movimentos daquele infeliz.

Porém, não tínhamos a permissão para tomar qualquer atitude. Não poderíamos interferir em favor de Joe, pois a Lei determinava naquele momento que ele continuasse ligado àquele ser por mais algumas décadas, por conta dos seus erros como Mago ao longo dos tempos e, especialmente, na encarnação da Era Cristalina.

Em seguida, volitamos para o cemitério. De lá, o Senhor Tranca Ruas das Sete Encruzilhadas partiu. Antes, despedimo-nos:

– Irmão Caveira, agradeço pelo seu empenho. Saiba que, mesmo ainda não tendo a permissão para a libertação total do meu tutelado, estou muito feliz, porque o simples fato de ter recuperado Annyt enfraqueceu mentalmente Virgínia, a qual se ainda não tem humildade suficiente para reconhecer seus erros, ao menos agora não conseguirá interferir no emocional de Joe, o que facilitará bastante a sua recuperação daqui para a frente.

– E, quem sabe, irmão Tranca Ruas, em pouco tempo já poderemos invadir o domínio daquele felino infeliz e libertar seu menino, não é mesmo?

– Que assim seja, irmão Caveira! Se assim for a vontade do Senhor Ogum Naruê e do Senhor Omolu, lá estaremos.

Ela partiu. Sentei-me à pedra. Ao longe, pude avistar o Mestre Yrwigh sorrindo para mim, positivamente... Era um sorriso de aprovação.

Como um Exu Caveira que se preza, sorri com os "olhos" retribuindo.

Para encerrar esta história: Joe faleceu em 1948, ainda amargurado, solteiro. Ficou (e ainda se encontra) sob o amparo do polo negativo da Ordem Mágica do Templo da Vida e da Fé.

Virgínia, após muitas décadas presa ao caixão, continuou revoltada, esbravejando, mas sem força mental para influenciar quem quer que fosse.

Ela reencarnou no Brasil em 2001. É uma criança com problemas emocionais seríssimos. É tida pelos médicos como bipolar.

Mas terá, nessa encarnação, a grande oportunidade de reverter tudo o que fez mal ao seu espírito até então.

Joe, ainda sob o amparo do polo negativo da Ordem Mágica do Templo da Vida e da Fé, prepara-se para reencarnar em 2027 como filho de Virgínia.

Esta foi a primeira história, nesta obra, relatando um caso de espírito submetido ao Mistério da Prisão das Consciências.

A seguir, um breve comentário acerca deste caso. Posteriormente, relataremos outro caso que, se diferente deste em suas causas, motivos e consequências, é semelhante porque, invariavelmente, banhado em vaidade, um espírito humano se negativiza a ponto de se autossentenciar, ficando preso ao caixão.

1º COMENTÁRIO

Fé nos Mistérios. Eles Atuam em Prol do Equilíbrio na Criação

Muitas vezes, os irmãos encarnados questionam relatos espirituais como o que concluímos.

Em realidade, afirmo: é muito mais fácil denominar esta realidade espiritual como fantasia do que acordar-se do sonho em que transformaram suas vidas.

Caro leitor, posso afirmar que o preço pago por aqueles que, quando desencarnam, percebem que deixaram a ilusão no plano material é bem caro... é muitíssimo caro!

Registro isto neste momento porque sei que muitos questionamentos surgirão acerca deste mistério e a veracidade dos fatos será colocada à prova.

Porém, o tempo, como se diz aí no plano material, é um remédio solucionador dos maiores problemas. Pois, saiba, ele mostrará a todos que desta obra duvidarem, quando desencarnarem, que este mistério existe e serve ao Sétimo Sentido da Vida.

Perceba, caro leitor, que não estou aqui afirmando que todo aquele que duvidar ficará preso ao caixão. De forma alguma! Apenas quero dizer que, do lado de cá, todos poderão ter acesso e também a comprovação da existência desse mistério.

O plano espiritual humano quer mostrar aos que, momentaneamente, habitam sua contraparte material que é necessário a visão espiritual estar aberta (como um dia já o foi, há muito tempo) àqueles que se encontram encarnados.

Para isso, é preciso que as pessoas abandonem seus conceitos tacanhos, vistam-se com a roupa da humildade e olhem para o Sol. Aí, então, tranquilamente verão, outra vez e finalmente, suas faculdades mediúnicas reabrindo-se.

Agora, falaremos de um caso que me deixou refletindo por muito tempo, pois o espírito em questão se negativizou por meio da vaidade.

No plano material, vê-se com frequência esse tipo de negativismo, mas, infelizmente, muitos não o consideram como tal. O que é uma pena, porque, soubessem esses encarnados de como é a vaidade, como atua na vida das pessoas, mudariam rapidamente seus conceitos.

Resumindo em poucas palavras: a vaidade é, se não a principal, uma das principais armas dos senhores das trevas na escravização dos espíritos humanos. Ao lado da ilusão, atua de forma muito competente, amarrando as pessoas a conceitos vazios e mantendo-as ligadas aos domínios do embaixo.

Portanto, prestem muita atenção a seus pensamentos, atitudes e nas consequências deles em suas vidas... por toda a eternidade.

A seguir, iniciaremos o relato.

Presa à Consciência pela Armadilha da Vaidade – Parte 1

No ano 1941 d.C., foi determinado pelo Divino Pai Omolu que eu cuidasse do caso de uma mulher, recém-desencarnada, que se encontrava sob a tutela do Mistério de Prisão das Consciências.

Nós a chamaremos nesta obra de Elaine. E sua última encarnação deu-se no Brasil.

Assim que me designaram a missão, fui, mais uma vez, ao encontro do Mago Yonah, o qual me recebeu com sorrisos, embora logo me alertasse:

– Senhor Exu Caveira, irmão servidor do Sétimo Sentido da Vida, saiba que é um prazer enorme, sempre e em qualquer condição, recebê-lo em meus domínios, mas vou logo alertando que, em hipótese alguma, concederei libertação a qualquer infeliz que esteja sob a minha guarda.

— De forma alguma, Senhor Yonah. Porém, gostaria de conversar sobre um caso especificamente, se for possível, é claro!

Ele emitiu um suave sorriso e falou:

— Estes Exus Guardiões, sempre muito espertos, chegam de mansinho em meus domínios querendo libertar os devedores que aqui se encontram.

— Devedores todos nós somos ou, ao menos, fomos algum dia, não é mesmo, Senhor Yonah?

— O senhor tem razão, Guardião Exu Caveira. Porém, não é por isso que devo ser flexível no cumprimento da minha missão. Até porque, o senhor sabe muito bem, cada sentença aplicada a um irmão devedor é, também, uma autoaplicação aos erros que demoram séculos e séculos para cicatrizar em nosso íntimo.

Olhei para o chão e falei:

— Sei perfeitamente como se sente, Senhor Yonah!

Levantei a cabeça, mirando-o, e prossegui:

— Mas vamos ao que interessa, meu senhor! Há uma mulher recém-desencarnada sob a tutela do Mistério de Prisão e Reforma das Consciências, da qual, seguindo a orientação do Divino Pai Omolu, devo estudar o caso. Preciso que saiba, caro mago, estes meus estudos, daqui a algumas décadas, serão enviados ao plano material, por meio de uma obra literária.

Yonah colocou a mão esquerda ao queixo, ficou pensativo e falou:

— Isso me parece muito bom, Senhor Exu Caveira! Se o plano material tomar consciência do que representa a aplicação desse Mistério do Senhor Omolu na Criação Divina, poderão os encarnados, quem sabe, conhecedores das consequências de certas negatividades, desviarem seus caminhos para trilhas melhores.

— Exatamente, Mago Yonah! Por isso, quero deixar claro de uma vez por todas que, se o procuro, é com a intenção de passar, no futuro, relatos destas experiências nada agradáveis ao plano material.

– E isto acontecerá em breve?

– Daqui a algumas décadas, como lhe disse. Mais precisamente, nos primeiros anos do próximo século, no calendário cristão dos encarnados. Até porque, Senhor Yonah, o Mago que servirá de ponte para a transmissão destes conhecimentos ainda não reencarnou e encontra-se, neste momento, em um domínio do lado debaixo do campo-santo, recuperando-se dos seus negativismos e sob os cuidados do seu Mestre Mago Tutelar.

Ele ficou me olhando. Percebi que estava bem interessado. A informação de que me encontrava ali a fim de estudar, para, posteriormente, passar minhas observações para o plano material mudou positivamente seu semblante.

Ele sentia, naquele momento, que eu era um aliado e não mais um Guardião Pessoal que adentrava seus domínios para pedir a simples libertação dos seus tutelados.

Dirigi-me a ele, novamente, dizendo:

– Preciso, Senhor Yonah, estudar o caso de Elaine, recém-desencarnada, que viveu sua última vida no plano material no Brasil.

Ele soltou uma sonora gargalhada e falou:

– Quer estudar essa infeliz? Vá, fique à vontade! Ela é uma novata aqui na Prisão das Consciências. E sabe como são os novatos, não é mesmo, Senhor Exu Caveira? Rebeldes, prepotentes; acham que, no grito, tudo conseguirão. Não sabem onde estão e com quem estão lidando.

– Entendo perfeitamente, Senhor Yonah! Então, posso visitá-la?

– Claro!

O Mago Guardião daquele domínio elevou as mãos sobre a cabeça, batendo palmas cadenciadas por três vezes.

Imediatamente, Alva encontrava-se ao seu lado esquerdo. Ele falou:

– Alva, leve este digníssimo Guardião Cósmico do Sétimo Sentido da Vida à tumba daquela novata recém-desencarnada que tem gritado muito desde que aqui chegou.

Alva curvou-se levemente à frente do seu senhor e falou:

– Perfeitamente, Mestre!

Alva parou à minha frente e, por meio de um comando mental, envolveu-nos em uma espiral de vento que, volitando, conduziu-nos até a tumba de Elaine.

Chegamos ao local onde se encontrava aquele espírito recém-sentenciado.

Sua tumba era pequena. O caixão ocupava quase todo o espaço daquela pequena "casa".

Ainda presa à matéria, que começava a decompor-se (tinha desencarnado há algumas semanas), encontrava-se, naquele momento, adormecida.

Alva olhou-me e começou a falar:

– Perceba, Senhor Guardião Exu Caveira, a forma desta mulher. Assim como seu corpo material, ao qual se encontra presa, o espírito dela reproduz toda a sua forma. Também o seu mental, mesmo estando ela adormecida, é alimentado pelas ondas vibratórias negativas, por meio das fortes ligações que mantém com um certo domínio do embaixo.

Ao mesmo tempo em que eu ouvia e absorvia a fala de Alva, observava atentamente cada detalhe daquela infeliz que ali se encontrava.

Era uma mulher obesa e que transmitia em seu semblante ânsia e agonia.

Dirigi-me à Alva, perguntando:

– Onde estão os espíritos guias protetores desta infeliz, Senhora Alva?

– Infelizmente, Senhor Exu Caveira, ela, em sua última encarnação, tornou-se uma pessoa descrente, afastando assim, por meio da sua vibração mental, todos aqueles que a protegiam. A partir da sua ignorância, criou uma parede densa que afastou de si todos os seus protetores.

– Mas, se afastou seus guias da Esquerda, nem ao menos os senhores guias da Direita mantiveram-se próximos?

– Infelizmente não, Senhor Exu Caveira! Como lhe disse, sua descrença afastou-a de todos. Mantinha, ao final da vida, alguma conexão (ainda que prejudicada) com seu Anjo Guardião. Porém, infelizmente, não foi suficiente para livrá-la desta sentença da Lei Maior. Nos últimos cinco anos da sua vida, foi sentenciado pela Lei que o Senhor Ogum Naruê a acompanhasse e, imediatamente após o seu desencarne, a encaminhasse aos domínios do Pai Omolu. E cá está ela, Senhor Guardião Cósmico do Sétimo Sentido da Vida.

– Então, Senhora Alva, se não há guarda pessoal dessa infeliz, percebo que o trabalho será árduo, pois nós mesmos deveremos tomar a frente neste caso.

– É para isso que cá estou, meu senhor! Para auxiliá-lo no que for preciso e servi-lo, em nome do meu Mestre Yonah, do Mistério de Prisão e Reforma das Consciências, e da minha Divina Mãe Iansã das Almas e do Divino Pai Omolu. Mas alerto: não posso, em hipótese alguma, violar as leis que regem este mistério ou passar por cima de uma determinação do meu Mestre.

– Fique tranquila, Senhora Alva! Em hipótese alguma, isso acontecerá! O meu intuito, como já relatei ao seu mestre, é, apenas, estudar o caso. É claro que, como Guardião Cósmico da Vida, não posso me privar de por ela zelar. Porém, afirmo, em hipótese alguma agirei em desconformidade com o Mistério ao qual serve.

Alva sorriu, aliviada.

Continuamos observando aquela infeliz, que dormia presa ao seu corpo, à sua consciência, aos seus negativismos e ao caixão.

Falei:

– Senhora Alva, se me permite, preciso conhecer melhor o caso dessa mulher. Posso penetrar em seu mental?

– Sem interferências, pode, Senhor Exu Caveira!

Dizendo-me para atuar "sem interferências", estava afirmando que eu poderia, por meio do mental de Elaine, pesquisar sua história, porém não poderia emitir qualquer vibração mental a ela.

Perfeitamente consciente das condições que eram impostas pelo Mistério de Prisão e Reforma das Consciências, adentrei o mental daquela mulher.

Em poucos minutos, já percebia que, em sua última encarnação, no Brasil, Elaine fora uma mulher amarga, solitária e vaidosa.

Fora dos padrões físicos da sociedade vigente, era vítima de um preconceito velado, por parte das pessoas ao seu redor, pelo fato de ser obesa.

Possuía uma condição financeira razoavelmente boa.

Filha única de um Almirante da Marinha, após a morte do pai e, alguns anos depois, da mãe, herdou, além de algumas propriedades, uma pomposa pensão.

Procurava, por essa condição financeira, frequentar os salões da mais alta sociedade do lugar onde morava. Por conta de seu sobrenome, fora aceita.

Se me permite comentar, caro leitor: "Para os imbecis daquela época, a essência real das pessoas estava no sobrenome, no *status* e na condição financeira".

Voltando ao relato propriamente dito.

Elaine procurava manter-se sempre vestida com as roupas mais caras, usava joias belas e de alto valor.

Com o passar do tempo, foi endividando-se e percebeu-se "atolada', devendo mais do que ganhava e possuía. Em seus momentos íntimos, pegava-se muitas vezes chorando sua solidão, suas mágoas.

Vivia rodeada de "amigas", mas, em realidade, não tinha ninguém de fato na sua vida. Alguém que lhe direcionasse e dissesse o rumo a tomar. Alguém que realmente a amasse.

Sentia-se feia, gorda e buscava atenuar isto tudo com roupas, maquiagens, *champagne* e *whisky*.

De tempos em tempos, gastava fortunas com recepções em sua casa para seus "amigos" da alta sociedade.

Em determinado momento, viu-se atolada em dívidas e começou a vender suas propriedades.

Seus "amigos" foram afastando-se e, aos 49 anos, diante do espelho em sua casa, em um impulso frenético, ela cortou os pulsos, vindo a morrer logo em seguida.

Solitária desde criança, já na escola era caçoada pelos colegas por ser obesa. Chorava e não esboçava reação alguma. Em realidade, não sabia como reagir àquilo que tanto a incomodava.

Foi encaminhada para a prisão das consciências, porque, durante sua última encarnação, buscou amizades desesperadamente, a fim de fugir da solidão que tanto a incomodava.

E, quando teve a oportunidade de galgar degraus na sociedade, usou da "língua" para ferir muitas pessoas. Tornou-se, a fim de ganhar a simpatia de algumas *socialites* da época, em sua cidade, uma fofoqueira. Mal sabia ela que, às suas costas, suas amigas a definiam como a "gorda mal-amada".

Para ter "amor', usava da condição financeira a fim de obter sexo com homens mais jovens.

Porém, também usou da "língua", pela chantagem, para ter sexo com maridos de algumas das suas amigas *socialites*. Ficava sabendo dos casos extraconjugais desses homens e ameaçava contar tudo às suas esposas, caso não a possuíssem.

Destruiu alguns casamentos.

Houve um caso em que foi flagrada com o filho de uma *socialite*, que costumava frequentar casas de tolerância e por ela foi chantageado. E o casamento do jovem rapaz, que estava prestes a ocorrer, não mais aconteceu.

Porém, a sentença para a prisão dela no caixão não se deu apenas por conta dos negativismos da sua última encarnação.

Em sua penúltima encarnação, na Alemanha, no século XVIII, foi uma belíssima cantora de ópera que se envolveu com políticos e outros homens poderosos.

Acabou participando de tramas que resultaram no fim precipitado de algumas vidas de pessoas envolvidas em negócios excusos.

Nunca matou ninguém, é verdade, mas contribuía com ideias.

Era uma mulher, além de bela, muito inteligente. Durante as reuniões, quando pedia a palavra, todos paravam para admirar sua beleza e ouvi-la.

E saiba, caro leitor, da sua boca maldita, à época, saíram muitas ideias, em alguns casos, e estratagemas, em outros, que até resultaram em assassinatos de algozes dos seus amantes e "amigos queridos".

Quando desencarnou, foi encaminhada a um domínio de uma faixa vibratória negativa, sob os olhos da Divina Mãe Obá.

Após algumas décadas no embaixo, recebeu a concessão de reencarnar no Brasil, onde deveria recuperar-se dos seus negativismos fazendo caridade, auxiliando pessoas necessitadas, pela condição financeira que herdaria dos pais. Porém, não teria, em hipótese alguma, beleza e sexo fácil, como tivera em sua encarnação anterior. E foi alertada de que, caso se negativizasse novamente, sua sentença seria duríssima. Pois, ou ela se recuperava na encarnação seguinte pelo fato de ter atentado contra a vida, ou teria pena acumulada.

Como grande parte daqueles que se negativizam e vão reencarnar, concordou perfeitamente com as condições da Lei.

Já no plano material, colocou tudo a perder.

Nas encarnações anteriores, não havia se negativizado tanto, como fizera na encarnação na Alemanha, no século XVIII.

Mas observei, em suas mais variadas "vidas na carne", que um fator sempre a acompanhava: a vaidade. Superava-a, sempre, por ser uma pessoa de coração nobre e disposta a ajudar aos semelhantes.

Porém, na sua penúltima encarnação, este fator aflorou tanto que, rapidamente, se deu a sua derrocada.

Olhei para Alva e perguntei:

– Sra. Alva, pude perceber, neste caso, que a vaidade foi a principal arma do embaixo na cooptação dessa infeliz. Porém, não consigo detectar nenhuma ligação dela com algum domínio trevoso.

Alva soltou uma suave gargalhada dizendo:

– Senhor Exu Caveira, a ligação desta mulher com o embaixo é milenar! Deu-se em uma encarnação que teve na Grécia Antiga. Porém, a senhora do domínio que a controla age de modo muito sutil, quase imperceptível.

Fiquei olhando atento para Alva, que prosseguiu:

– Ao contrário de muitos senhores e senhoras do embaixo, que agem, muitas vezes, armando um enorme barulho, esta senhora agiu durante séculos, minando-a lentamente, até chegar ao seu objetivo. Agora, Senhor Exu Caveira, ela está aqui, presa a este domínio. E digo-lhe, pelo que ouvi de Mestre Yonah, ficará por alguns séculos.

Absorvi aquela informação, tentando entender o porquê daquilo tudo.

Por que o Mistério de Prisão e Reforma das Consciências permitia que os espíritos continuassem presos aos domínios do embaixo? Já não lhes bastava a sentença designada pela Justiça Divina e executada por este mistério do Divino Pai Omolu?

Porém, essa resposta, eu não poderia obter com Alva.

E, a fim de entender melhor aquele caso, resolvi conversar novamente com o Senhor Mago Yonah.

A resposta, assim como outras, teremos na segunda parte deste relato...

Presa à Consciência pela Armadilha da Vaidade – Parte 2

Encontrava-me à frente do Senhor Mago Yonah, em seu domínio.

– Percebo que seus estudos estão lhe trazendo algumas surpresas, Senhor Guardião Cósmico do Sétimo Sentido da Vida!

– Certamente, Senhor Yonah! E é por isso que cá estou. Se me permite, gostaria de esclarecer algumas dúvidas.

– Perfeitamente, Senhor Exu Caveira! O que estiver ao meu alcance, e me for permitido pelo Divino Senhor Omolu, com prazer lhe responderei.

– Entendo, caro Mago! Diga-me: por que os espíritos que recebem a sentença de permanecer algum período, qualquer que seja, sob a tutela do Mistério de Prisão e Reforma das Consciências, ainda assim permanecem ligados aos domínios do embaixo?

– Perceba, Senhor Exu Caveira, não fomos nós que promovemos a ligação mental desses infelizes com os senhores das faixas vibratórias negativas! Eles mesmos, durante suas jornadas evolutivas, foram afinando a sintonia e criando certa intimidade com as trevas, por meio de seus pensamentos mesquinhos, atitudes contrárias à Lei e à Justiça Divinas e, fundamentalmente, contra a Vida. E nós, servidores do Divino Pai Omolu, o Guardião da Vida, sabemos muito bem que esse tipo de erro não deve ser tolerado.

Olhava fixamente para o Guardião daquele domínio e absorvia seus ensinamentos. Ele prosseguiu:

– Veja pelo seguinte prisma, Senhor Guardião da Vida: um espírito infeliz desses, se solto em algum domínio trevoso (seja o que o escraviza ou qualquer outro) ou, até mesmo, perambulando pelas faixas vibratórias negativas, dificilmente tomará consciência dos seus erros e pedirá a Deus para retornar ao caminho correto que leva a Ele. Já, sob a tutela do Mistério de Prisão e Reforma das Consciências, pode refletir, meditar (mesmo que lá fique por mil anos) e, a partir de uma real reforma consciencial, ele mesmo promoverá o corte desses cordões energéticos densos que o ligavam ao domínio ao qual ele próprio buscou por seu mental desequilibrado.

– Entendo perfeitamente, Senhor Guardião do Mistério de Prisão e Reforma das Consciências. Mas, ainda assim, tenho um questionamento...

– Faça-o, Senhor Exu Caveira!

– Há casos de espíritos que, não se recuperando presos aos caixões, após algum tempo, são liberados para correção em outros mistérios amparados pela Lei?

– Há sim, mas são raríssimas exceções, Senhor Exu Caveira!'

– E há casos de espíritos que não se recuperam e acabam sendo executados pela Lei, transformados em ovoides?

– Ainda mais raros que os anteriores, Senhor Exu Caveira! Tivemos, sim, alguns casos em que isso, infelizmente, aconteceu. Porém, caro Guardião da Vida, o que deve ficar registrado em seus estudos e na transmissão deles para o plano material é que, cem anos nessa condição já representam uma degradação enorme do mental humano, uma estagnação que, mais à frente, na jornada evolutiva, cobrará do espírito que por aqui passou.

– O que o senhor quer dizer, exatamente, com essa cobrança?

– Exemplificando, Senhor Exu Caveira: imagine uma pessoa que, no plano material, sofreu um acidente e ficou paralisada. Se ela conseguir se recuperar e voltar a andar em um ou dois anos, terá certa mobilidade e maior facilidade do que se levar dez anos para voltar a andar, concorda?

– Plenamente, Senhor Yonah!

– Porque, após dez anos sem caminhar, ela praticamente estará aprendendo a andar novamente e, quanto mais velha for (já não tendo mais a energia, disposição e mobilidade de uma criança), mais dificuldades terá. Assim ocorre com aqueles que aqui ficam presos, Senhor Caveira! Quanto mais rápido se conscientizarem, melhor para eles mesmos. Se aqui ficarem por muito tempo, quando voltarem a "andar", seguindo suas sendas evolutivas, estarão automaticamente reaprendendo. E, dependendo do grau consciencial e evolutivo do espírito, pode incorrer em erros semelhantes, ao menos aos que o levaram a tal punição.

Acabara de ter uma aula com aquele Guardião do Mistério de Prisão e Reforma das Consciências Humanas.

O ser humano, caro leitor, é o arquiteto de todas essas "edificações" às quais nos referimos nesta obra. Pois, não fossem suas atitudes egoístas, Deus não teria criado esses domínios para a recuperação dos seus filhos relapsos (usando, neste caso, um adjetivo bem suave).

Portanto, antes de questionar a veracidade desses fatos, esbravejar e satanizar esta obra, lembre-se sempre de que Deus não é punidor. Ele é justo, apenas!

Como você se sentiria se, no plano onde vive, a Justiça e a Lei mantivessem assassinos, estupradores, maníacos sexuais, à solta, sem nenhum tipo de punição? Você se sentiria seguro?

Obviamente, Deus, que é puro amor e pura misericórdia, tratou de criar condições para que esses espíritos marginalizados se recuperem sempre.

E, para isso, incumbiu o Divino Pai Omolu, Sua Divindade Guardiã da Vida, de cuidar dos Mistérios Corretores de todos aqueles que atentam contra o Sétimo Sentido.

Despedi-me do Senhor Guardião daquele domínio e volitei para o cemitério.

Precisava meditar sobre aquele caso em que estava metido. E, após um certo período, encontraria novamente com a sra. Alva, para mais uma visita à tumba de Elaine e, muito provavelmente, ao domínio negativo ao qual estava ligada.

Sentado à pedra, refleti muito, até que, por uma conexão mental, comuniquei-me com a sra. Alva.

Em poucas horas, estávamos frente a frente, prontos para, mais uma vez, adentrarmos a tumba de Elaine.

Novamente, com um comando mental daquela maga, uma espiral de vento criou-se ao nosso redor, fazendo com que volitássemos, em uma fração de segundos, para a "morada" onde se encontrava aquele espírito.

Desta vez a encontramos acordada. Olhou-nos de cima a baixo e, de modo arrogante, perguntou:

– Quem são vocês? O que fazem aqui?

Imediatamente, respondi:

– Quem somos, saberá em breve. Porém, retorno-lhe a pergunta: o que a senhora está fazendo aqui?

Visivelmente irritada, ela começou a alterar a voz. Disse:

– Eu não estou aqui porque quero. Alguém, que em breve saberei quem foi, me trouxe e me amarrou aqui. Eu estava em minha casa. Não sei como vim parar aqui.

Alva olhou fixamente nos olhos dela. Eu falei:

– Quem a trouxe até aqui, caríssima, é preciso que saiba, foi a sua consciência. O seu mental negativizado, sua vaidade, sua arrogância, sua prepotência e, principalmente, sua língua ferina acabaram jogando-a nessa condição.

– Quem é você, para me julgar, para falar comigo dessa forma?

Imediatamente, com o cetro à mão esquerda, despi-me da minha capa preta e capuz, ficando completamente "nu" à frente dela, expondo meu corpo esquelético.

Com a voz mais rouca do que o habitual, falei:

– Eu sou Exu Caveira! E você, quem é, para falar assim comigo?

Alva sorria suavemente, olhando fixamente nos olhos de Elaine que, visivelmente apavorada, falou com voz chorosa:

– Meu Deus, eu estou no inferno! Por misericórdia, tire-me daqui!

Ainda despido à frente dela, com voz rouca, falei:

– Engano seu, minha senhora! Foi trazida aqui justamente pela Misericórdia Divina, para que não amargasse por toda a eternidade no inferno que criou por meio do seu mental.

– Eu não consigo sair daqui... deste caixão. Eu não morri, não é possível...

Com o semblante ainda mais arrogante e o tom de voz determinante, prosseguiu;

– Ordeno que, em nome de Deus, tire-me imediatamente daqui.

Soltei uma sonora gargalhada que ecoou por domínios vizinhos. E, quando a gargalhada de Exu Caveira é percebida nas faixas vibratórias negativas, saiba você, caro leitor, é dado o sinal de alerta em muitas realidades das faixas mais baixas da dimensão humana.

Após muito gargalhar, falei:

– A senhora acha, realmente, que, em nome de Deus, Exu Caveira, servidor do Divino Omolu, um Guardião Humano da Vida, comete loucuras ou atrocidades? Saiba que está aqui, minha senhora, para que reflita, repense-se como ser e retome sua caminhada como quer nosso Pai Maior e Divino Criador Senhor Deus.

Ela, àquela altura, já chorava copiosamente.

Prossegui:

– A senhora está morta sim! Mas não falo da morte física, à qual os humanos encarnados tanto temem. Enquanto ainda habitava o plano material, a senhora "suicidou-se" e prosseguiu "morando" no corpo físico. Matou a sua dignidade, a sua consciência, presa à vaidade. E, presa a esses conceitos errôneos, ligou-se a uma senhora das trevas que controla e domina seu mental há muitos séculos. E, para piorar, com suas atitudes ignorantes, veio parar aqui. Agora, pergunto-lhe: o que é estar morta, o que é estar viva?

Alva interferiu e falou:

– Além do mais, sra. Elaine, seu comportamento arrogante, na situação em que se encontra, só depõe contra a sua recuperação. Saiba, foi punida pela Lei de Deus e condenada a ficar sob a tutela do Mistério de Prisão e Reforma das Consciências, por conta da vaidade que promoveu a sua decadência, especialmente em suas duas últimas encarnações.

Ela, ainda chorando, aos soluços e com dificuldade, falou:

– Eu queria ser aceita por todos, pela sociedade. Eu queria participar das rodas sociais. Abominava a solidão. Por mim, passaria 24 horas em reuniões e recepções para não ficar sozinha. Eu queria amar e ser amada.

Interrompi-a e falei:

– O amor é uma dádiva divina, sra. Elaine. E, só por isso, deveria ser usado pelos humanos como um instrumento de disseminação da semente maior, que é o próprio Deus Pai Criador. Mas atitudes como as suas desequilibram a Criação. E, saiba, desequilibrar a Criação é prejudicar a sua expansão, que é constante. Isto faz com que Deus se entristeça com seus filhos.

Alva sorriu, olhou para ela e falou:

– Esta nossa breve visita tem o objetivo de conscientizá-la da condição em que se encontra e por que nela está, sra. Elaine. Com sua licença, vamos partir.

Com o cetro à mão esquerda, puxei novamente minha capa preta e meu capuz, vestindo-me.

Partimos. E ela ficou ali, presa ao caixão, berrando e suplicando para que a tirássemos daquela prisão.

Eu e Alva nos encontrávamos próximos à pedra, no campo-santo. Conversávamos:

– Senhora Alva, realmente, não creio que este caso seja de fácil resolução. Geralmente, quando um espírito abandona seus protetores (porque, caro leitor, é preciso que fique claro que os guias espirituais nunca abandonam seus protegidos encarnados; o movimento é sempre contrário a este, no qual, infelizmente, muita gente ainda crê), ele tem sua jornada dificultada. Como poderemos libertá-la do domínio trevoso ao qual está ligada?

– Mas quem falou que devemos libertá-la, senhor Exu Caveira?

Pus-me a refletir, por alguns instantes. Olhei para ela e falei:

– Talvez tenha razão, Senhora Alva! Nós, guardiões, temos o cacoete de sempre buscar a libertação desses espíritos infelizes, compreende? Em realidade, vemo-nos um pouco neles, vemos nossos negativismos, nossos erros.

– Compreendo perfeitamente, Senhor Guardião da Vida, pois me sinto assim em muitas ocasiões; porém, a jornada tem me ensinado que não podemos querer ou tentar libertar quem faz questão de se manter amarrado à ignorância.

– É verdade, Senhora Alva!

Ela sorriu para mim, olhou-me nos olhos. Em seguida, abaixou a cabeça. Perguntei:

– Algum problema, minha senhora?

– Não, meu senhor, absolutamente!...

Olhou-me novamente e, gaguejando, falou:

– É que o senhor me lembra alguém muito especial...

Naquele momento, vi, através de seus olhos, seu rosto tomar uma forma diferente. Transmutava-se para o rosto de uma mulher loira, de longos cabelos lisos, olhos azuis, sorriso largo.

Falei:

– Não posso acreditar, Senhora Alva, é...

– Sou eu mesma, meu senhor. Já faz tantos séculos... nem posso acreditar!

Alva, aquela maga guardiã e servidora do Mistério de Prisão e Reforma das Consciências, ancestralizada do Trono Cósmico da Lei, ou seja, filha da Sagrada Mãe Iansã, revelava-se à minha frente, naquele momento, como um grande amor que havia tido na minha encarnação em Atlântida.

Conturbado relacionamento, teve prosseguimento em outra encarnação no Egito, alguns séculos depois (nessa que foi minha última encarnação), antes da minha queda vertiginosa às faixas vibratórias negativas, para depois ser levantado pelo Divino Omolu e colocado como seu Guardião à Esquerda, um Exu Caveira.

Abracei-a emocionado e falei:

– Minha querida, quanto tempo! Perdoe-me por lhe ter feito mal...

Ela me interrompeu:

– Meu senhor, saiba, a saudade que inundava meu coração parecia infinita e incurável. Achei que nunca mais fosse encontrá-lo. Bem que o Senhor Yonah me falou, um pouco antes de o senhor aparecer lá no domínio acompanhado da senhora Maria Molambo do Cruzeiro e do Senhor Tranca Ruas das Sete Encruzilhadas, que, em breve, eu teria uma surpresa positiva.

Ficamos ali, conversando, por muitas horas. Pude desculpar-me, choramos juntos, abraçados.

Aquele momento foi de grande alívio para nós dois. A partir dali, seguiríamos nossas jornadas sem o peso que carregávamos dos nossos encontros conturbados.

Ela me falou:

– Bem, meu senhor, creio que devamos voltar ao trabalho, não é mesmo?

– Certamente, Senhora Alva, mas o que sugere que façamos agora?

– Não libertaremos essa "novata", até porque, Senhor Exu Caveira, ela precisa de muito tempo sob a tutela do Mistério de Prisão e Reforma das Consciências, para que se deixe tomar pela humildade e retome o caminho correto.

Sacudi a cabeça afirmativamente, concordando. Ela prosseguiu:

– Porém, creio que uma visita aos domínios da senhora negativizada que a mantém escravizada contribuirá muito para os seus estudos. Estou certa?

– Está certíssima, Senhora Alva!

Ela parou à minha frente e, amparados pela espiral eólica, volitamos ao domínio já descrito para mais uma etapa dos meus estudos.

Mas isto relatarei na terceira e última parte dessa história.

Presa à Consciência pela Armadilha da Vaidade – Parte 3

Chegamos a um domínio muito escuro, que era iluminado, em alguns pontos, por tochas.

Caminhamos vagarosamente. Alva ia à frente, como se já conhecesse aquela trilha.

Em um determinado momento, cruzamos com alguns cachorros que, visivelmente, guardavam aquele lugar. Alva parou e sinalizou para que eu parasse também.

Os cães olhavam-nos com raiva e grunhiam. Nesse momento apareceu, atrás daquela matilha, uma mulher que trajava um vestido preto, com olhos negros, unhas e dentes pretos. Ela falou:

– O que faz aqui, Alva? Você sabe que não é bem-vinda. Além do mais, a Senhora não permite que invadam seus domínios sem prévia autorização.

Alva, imediatamente, respondeu:

– Sou uma agente da Lei, sirvo à Mãe Iansã das Almas e ao Divino Senhor Omolu. Além disso, sou amparada pelo Senhor Ogum Naruê. Creio, Satinah, que estas credenciais sejam suficientes para que eu adentre qualquer domínio não amparado pela Lei de Deus.

– Aqui não seguimos esta Lei imunda da qual tanto se orgulha, Alva!

– Dobre a língua ao referir-se à Lei Maior ou serei obrigada a arrancar todos os seus dentes com uma simples projeção eólica, Satinah!

Aquela guardiã negativizada sorriu ironicamente. Alva sinalizou para que eu andasse à frente e me posicionasse ao lado dela, o que fiz imediatamente.

Satinah, como que me reconhecendo, olhou-me maravilhada e falou:

– Veja só quem aqui está... o Senhor Exu Caveira! Não podia imaginar receber tão ilustre visita. E gostaria de saber o que o traz até aqui?

– Não perderei meu tempo com você, Satinah. Nada tenho para tratar com uma guardiã fora da Lei, desonrosa.

– Ora, Senhor Caveira, aquela situação foi um grande equívoco!

– Um grande equívoco, Satinah?! Pois saiba, o que você define como "grande equívoco" nada mais é do que uma tremenda traição.

– Ora, Senhor Caveira, eu precisava fazer aquilo ou minha cabeça seria colocada na bandeja.

– E sua dignidade, foi posta onde, Satinah? Agora, você serve a um domínio fora da Lei. Onde pensa que chegará? Enquanto trabalhou ao meu lado, estava servindo à Luz...!

Ela me interrompeu, visivelmente irritada:

— Você sempre soube, seu Guardião imbecil, que eu nunca quis ser uma Pombagira da Lei, como você fala, para ficar no seu encalço, para servir de sombra e degrau para você!

— Primeiramente, Satinah, reitero que você sempre esteve e continua equivocada. Por conta da sua vaidade, sentiu-se diminuída. Se tivesse se banhado em humildade, não veria o trabalho que realizamos como projeto pessoal de quem quer que seja. Veria o trabalho como uma missão, a missão de servir à Luz. Ver-se-ia como uma Guardiã da Luz. Mas percebo agora que, com sua vaidade aflorada, foi atraída para um domínio afim com seus sentimentos.

Ela me olhava, com ódio. Prossegui:

— E você ainda reclama do trabalho que estava começando a desenvolver ao meu lado... e se satisfaz em ser escrava deste domínio?

Imediatamente, ela plasmou um chicote em sua mão esquerda, batendo-o com muita força ao chão. E berrou:

— Eu não sou escrava de ninguém. Eu sou livre! Sou uma guardiã dessa senhora, de nome impronunciável.

Os cães que estavam à frente dela começaram a grunhir e ameaçavam, a qualquer momento, nos atacar.

Foi nesse momento que Alva, de modo imponente, gritou:

— Basta!

E prosseguiu, calmamente:

— Não estamos aqui para nenhum tipo de acerto de contas, Satinah! Saiba que aqui viemos para um diálogo com a sua senhora. O Senhor Exu Caveira precisa de subsídios para estudos que está realizando.

Ironicamente, Satinah falou:

– Estudos... hum! – e soltou uma sonora gargalhada.

Logo em seguida, olhando-nos de cima a baixo e com ironia, disse:

– Vocês foram feitos, mesmo, um para o outro! Minha senhora já os aguardava. Acompanhem-me.

Seguimos Satinah até chegarmos ao trono onde se encontrava a senhora daquele domínio das vaidades.

Perceba, caro leitor, que o tempo inteiro Satinah sabia não somente da nossa chegada, como da intenção da nossa visita, pois fora avisada por sua senhora que lá chegaríamos.

Porém, banhada na vaidade que a levou a habitar aquele domínio, precisou, por algum tempo, alimentar e inflar seu ego perante nós.

Daí, pode-se ter uma ideia de como age a vaidade no mental humano e a que tipo de degradação pode levar.

Chegamos ao trono da senhora das vaidades. Estava rodeada por mulheres horrendas, deformadas, que gastavam seu tempo (se é que naquele domínio há tempo) olhando-se em espelhos quebrados.

A Senhora das Vaidades, sentada a um trono de pedra, rodeada por quatro tochas, encontrava-se sob um arquétipo que vou tentar definir da seguinte forma: imagine, caro leitor, uma mulher no plano material com corpo curvilíneo, como o de uma modelo, mas todo tomado por rugas, cabelos brancos, poucos dentes na boca e aparência de uma mulher centenária.

Assim, creio que você possa ter uma ideia do arquétipo identificador da senhora daquele domínio.

Satinah nos apresentou a ela:

– Senhora de nome impronunciável, eis os visitantes servidores da Luz, que já aguardava.

A senhora daquele domínio olhou-nos de cima a baixo e disparou a falar:

– Quando eu vivi naquele plano material imundo, por muitas vezes me meti com gente como vocês. Gente porca, que pensa ter o domínio da sabedoria e da verdade. Porém, graças à minha astúcia, aqui cheguei e encontrei a verdade, que, simplesmente, sempre habitou meu íntimo.

Alva falou:

– Em se tratando da senhora de um domínio das vaidades, não poderíamos esperar melhor recepção, não é mesmo, senhor Guardião do Sétimo Sentido da Vida?

Apenas sorri, nada falei. Olhei para aquela senhora e perguntei:

– A senhora acha mesmo que detém a verdade, Senhora Vyrna?

– Como ousa pronunciar meu nome, seu Exu maldito?!

Ela pegou uma tocha que estava à sua esquerda e apontou-a para mim. Imediatamente, levantei meu cetro à mão esquerda, apontando-o para ela. A tocha desintegrou-se em sua mão.

Em voz alta, falei:

– Nunca ouse desafiar um Guardião da Vida, nunca ouse desafiar Exu Caveira! Como Guardião do Divino Omolu, amparado pela Lei de Deus, adentro qualquer domínio e pronuncio o nome de qualquer pseudo-senhor ou senhora, porque só sirvo a um Senhor de toda a Criação, o nosso Deus! Estamos aqui para um diálogo apenas, Vyrna. Não viemos negociar nem barganhar nada, saiba disso. Portanto, vamos manter o respeito mútuo!

De olhos arregalados, sabendo com quem estava lidando e temendo ser humilhada em seus domínios, falou:

– Está bem, Senhor Exu Caveira, vamos dialogar!

Alva falou:

– Senhora Vyrna, estamos estudando o caso de Elaine, que se encontra ligada ao seu domínio há alguns séculos...

Vyrna interrompeu-a:

– Não negocio minhas escravas com a Luz, em hipótese alguma. Até porque esta, especificamente, está sendo trabalhada para prestar serviços a mim em breve. Venho tendo muita cautela com ela ao longo dos séculos, pois sempre percebi nela um enorme potencial. Sempre teve a vaidade aflorada e, para não perdê-la, trabalhei em seu íntimo sutilmente durante muito tempo, a fim de que, no momento apropriado, pudéssemos inserir nela nossa semente maior, aquela que só implantamos naquelas que percebemos terem muito potencial.

Ela soltou uma sonora gargalhada e prosseguiu:

– E, como não pode deixar de ser, conseguimos que fosse punida por essa tal lei à qual vocês seguem. Saibam que esta punição está me ajudando muito, pois tê-la presa ao caixão vem facilitando bastante o meu trabalho de imantação em minha escrava. Vocês são muito burros! Definem-na como tutelada desse mistério de pronúncia complicada, mas, na verdade, ela está e sempre estará ligada a mim.

Interrompi-a:

– Até que se conscientize, Vyrna! Por que você não se deixa tomar pela humildade e vem servir à Luz?

Ela berrou:

– Humildade????? Nunca mais ouse citar esta palavra maldita em meus domínios, Senhor Exu Caveira!

Ali, naquele instante, pude perceber quão triste é o resultado a que pode chegar uma pessoa que, banhada em ignorância, se deixa tomar pela vaidade. Aquela senhora de um domínio feminino das vaidades (pois há, caro leitor, também, domínios masculinos das vaidades) sintetizava o que ela exatamente procurava "imantar" em todas as suas "escravas".

Alva falou:

– Não estamos aqui para divergir, senhora Vyrna, mas, apenas, para entender o funcionamento desse mistério negativizado.

Vyrna falou:

– O funcionamento é simples, Alva. Estão vendo estes cachorros?

Sacudimos a cabeça afirmativamente, eu e Alva. Ela prosseguiu:

– Para tê-los, para que me sirvam, dou a eles o que querem, ou seja, alimento-os e eles me servem. É isso o que faço com minhas escravas. Dou a elas o que querem. Na verdade, Senhora Alva e Senhor Exu Caveira, eu não faço nada. Sou procurada por todas elas e acabo dando o que elas tanto querem.

Naquele momento, após ouvir aquilo, fiquei completamente entristecido. Como poderia, um espírito humano, degradar-se daquela forma?

Pensei: "Preciso, realmente, levar estes relatos ao plano material. Algo deve ser feito com a finalidade de salvar a humanidade desta catástrofe que é a vaidade".

Vyrna prosseguiu falando:

– Aqui em meu domínio, entre minhas escravas, tenho espíritos femininos oriundos dos mais variados níveis sociais e profissões (enquanto viviam no plano material): modelos, atrizes, cantoras, celebridades, freiras, além de religiosas das mais diversas vertentes, mulheres da alta sociedade, da classe média e também mulheres muito pobres. Todas, sem exceção, clamaram por mim, ainda encarnadas, e, imediatamente, promovi o elo entre elas e mim. Apenas isso!

Eu, Exu Caveira, não conseguia crer na naturalidade com que aquela mulher negativizada falava aquilo tudo.

Perguntei:

— E qual a chance de recuperarmos Elaine?

— Creio que a resposta o senhor já teve, quando a visitou na tumba, não é mesmo?

Eu era obrigado, naquele momento, a concordar com aquela senhora de domínio trevoso da vaidade feminina.

Olhei para Alva. Já tinha as respostas de que necessitava.

Imediatamente, ela nos envolveu na espiral eólica e volitamos novamente para o cemitério.

Próximo à pedra, voltamos a conversar.

Ela disse:

— Como percebe, meu senhor, infelizmente não há o que fazer neste caso.

— Bem, Senhora Alva, pelo menos, pude anotar mais observações para os meus estudos, que se transformarão em obra literária para o plano material muito em breve.

— Vendo por este ângulo, Senhor Exu Caveira, nossa missão foi bem-sucedida!

— Com certeza foi, Senhora Alva!

Encerrava-se naquele momento minha participação no caso Elaine.

Apenas para que o leitor fique a par da situação desse pobre espírito, informo que, infelizmente, ela ainda se encontra, neste momento, no ano 2012 d.C., presa ao caixão.

E, segundo o Mago Yonah, ainda deve permanecer um bom tempo, pois sua rebeldia não diminuiu.

E a senhora do domínio feminino das vaidades agradece!

A seguir, farei um breve comentário acerca deste caso e de tudo o que vimos até agora.

2º COMENTÁRIO

O Oposto ao Amor Não Contribui em Nada para o Crescimento do Todo

Muitos daqueles que torcerão o nariz para esta obra, taxando-a de satanista, demoníaca ou algo similar, questionarão casos como o último que relatamos, em que, preso à vaidade, o espírito não se libertou ou, ao menos, permaneceu por muito tempo ligado à tumba.

Ora, se falamos, neste último relato, especificamente sobre a vaidade, você há de concordar que só há uma forma de libertar-se da prisão das consciências, que é, fatalmente, libertar-se dessa erva daninha responsável pela estagnação e regressão até, em alguns casos, consciencial do ser.

Se o espírito trocar a vaidade pelo amor e a humildade, automaticamente estará se voltando para a Luz e por ela será amparado.

Se vimos no caso anterior que a personagem em questão, ao longo da sua última encarnação, abandonou seus protetores espirituais, tenha certeza, caro leitor, assim que voltar seu mental para a Luz terá o amparo deles.

Pois, como já foi dito aqui neste livro, os guias não abandonam seus tutelados e, sim, invariavelmente, são abandonados por eles. Os humanos encarnados dão as costas aos seus protetores e, consequentemente, a Deus.

Reflita acerca do que leu e do grande mal que a vaidade pode causar na sua vida e na de todos aqueles que estão à sua volta.

Viva, pense, fale, gesticule e aja com amor e humildade. E verá que sua caminhada fluirá naturalmente, sem percalços.

A seguir, relataremos um caso de pessoas que ficaram presas às suas consciências, em consequência de conceitos equivocados, ou seja, ignorância.

Ignorância, a Cegueira Espiritual Humana – Parte 1

Encontrava-me, novamente, no campo-santo. Alva iria ao meu encontro. Aguardava-a com ansiedade, pois havia recebido uma mensagem de que estava necessitando do meu auxílio. Ela me encontraria, trazendo um recado do Mago Yonah, o qual lhe dissera que havia um determinado caso em que eu seria o Guardião ideal para interferir.

A curiosidade é um atributo natural dos Exus Guardiões. Por isso, até que lá ela chegasse e me esclarecesse o que se passava, permaneci questionando-me acerca do que poderia ter levado aquele Guardião de um poderoso mistério corretor a solicitar meus préstimos.

Não demorou muito para que Alva aparecesse à minha frente, sorrindo.

Fiquei extasiado e feliz naquele momento, já com a real compreensão do que aquela maga representava para mim.

E pensei que, realmente, Deus atua de forma correta, cadenciada em muitos casos, mas sempre conduzindo as jornadas dos seus filhos à frente (por mais que, muitas vezes, possa parecer ao contrário).

Neste caso, por exemplo, nunca poderia imaginar que, após tantos séculos, reencontraria esta mulher, com a qual eu tinha dívidas enormes e, em momento algum, durante os momentos em que trabalhamos lado a lado, tive cobranças por parte dela.

Isto serve também para que você, caro leitor, conscientize-se de que nada é para sempre. Nenhuma união é eterna, assim como também nenhuma separação o é. Portanto, muito cuidado com palavras e pensamentos que ferem, pois, logo mais à frente (no máximo alguns séculos, que passam rapidamente), você estará novamente diante daquela pessoa à qual magoou. E também, em outros momentos, com pessoas que lhe magoaram.

Voltando à nossa história.

Alva apareceu à minha frente, sorridente, visivelmente feliz por ter sido designada por Yonah para, mais uma vez, estar ao meu lado.

– Estou curioso, Senhora Alva! Qual a mensagem que o Senhor Yonah enviou para mim? Por que ele não se comunicou diretamente comigo?

– Por um acaso o senhor, Exu Caveira, não faz gosto pela minha presença em seu domínio?

– De modo algum, Senhora Alva! Peço que me perdoe pelo modo de falar, mas, como sabe, nós, os Caveiras, filhos diretos do Senhor Omolu, somos secos por natureza. O que não significa que não tenhamos sentimentos, mas...

Ela me interrompeu e falou:

– Eu sei, meu senhor, não se preocupe comigo, sou apenas uma maga, subordinada ao meu Mestre, que lhe enviará o recado e partirá.

Ela abaixou a cabeça, visivelmente triste. Odiei-me profundamente naquele momento, por não estar, mesmo após tantos séculos, conseguindo ser dócil com aquela mulher... à qual amara tanto, em determinado momento da minha jornada.

– Perdoe-me... suplico que me perdoe, Senhora Alva! Parece que, quanto mais falo, mais a magoo. Eu peço que entenda, mas sou um completo ignorante nessas lidas sentimentais. Tenho muito ainda o que trilhar neste sentido da vida. Sinto amor por tudo, por todos, pela Criação de Deus, mas ainda o manifesto de forma muito seca.

Ela levantou a cabeça e falou:

– O senhor não tem de mudar, tem apenas de ser compreendido, valoroso Exu Caveira!

Fiquei surpreso. Não esperava ouvir aquilo dela. Magoada, porém com discernimento suficiente para compreender minhas limitações.

Ela prosseguiu falando:

– Mas vamos ao que interessa, meu senhor!

– Sou todo ouvidos, Senhora Alva.

– Mestre Yonah solicita seus préstimos em um caso muito delicado.

Fiquei ouvindo-a atentamente.

– Há alguns anos, temos presos em nosso mistério dois homens que, na última vida no plano material, foram inimigos ferrenhos e mortais. Dois irmãos de sangue e carne que, em determinado momento da vida, declararam guerra e morte um ao outro, por conta de divergências acerca das propriedades que herdaram do pai. Enquanto a mãe deles habitou o plano material, conseguiu contemporizar, não permitindo que se defrontassem, ainda que não se falassem. Eles tinham muito respeito por ela. Porém, após seu desencarne, a pedra que havia entre ambos desapareceu. A única irmã deles tentou ainda impedir, mas não possuía força suficiente perante eles (como possuía a mãe) e, sentindo-se fraca, desistiu e saiu do caminho de ambos, permitindo que se digladiassem, até que uma tragédia fatal veio a tirar a vida de um deles.

A família daquele que faleceu, chamado por todos de Soares, acusou o irmão, chamado à época por todos de Francisco, pela morte do infeliz.

Não tardou muito, menos de um ano, para que um capataz do senhor Soares, em uma emboscada, a mando da sua patroa e mulher do homem já falecido, assassinasse Francisco.

O detalhe é que o senhor Soares morreu em um acidente que, no plano material, ficou sem maiores explicações, mas do lado de cá, sabemos, teve sua vida abreviada pela Lei, por conta da sua negativização ao longo dos tempos e que, nesta encarnação, que se encerrou nos primeiros anos do século XX, só fez piorar sua pena.

Consequentemente, como foi em vida um homem que atentou demais contra o Sétimo Sentido, acabou penalizado e, nas mãos do Senhor Ogum Naruê, foi encaminhado diretamente ao Mistério de Prisão e Reforma das Consciências.

Não tardando muito a se dar a fatalidade com Francisco, seu irmão, este também foi encaminhado pelo Senhor Ogum Naruê diretamente para o nosso mistério.

Ela parou de falar, fixando o olhar em mim. Questionei:

– Entendo, Senhora Alva, mas pergunto: de que forma pretendem contar com a minha contribuição?

– Mestre Yonah gostaria, Senhor Exu Caveira, que me acompanhasse até as respectivas tumbas, para uma análise. Talvez, além de recolher material para os seus estudos, o senhor, como Guardião Cósmico do Sétimo Sentido da Vida, possa contribuir para paralisar a guerra mental que se dá entre ambos, mesmo presos às suas tumbas. Guerra esta que só contribui para a decomposição mental de ambos e também para alimentação dos cordões negativos que os ligam a senhores do embaixo.

Parei por alguns instantes, refletindo. Olhei para ela e falei:

– Está bem, Senhora Alva! Exu Caveira está à disposição do Mistério de Prisão e Reforma das Consciências para a resolução deste caso.

Ela sorriu, visivelmente aliviada. Envolveu-nos na espiral eólica e dali volitamos para mais uma missão.

Em uma fração de segundos, encontrávamo-nos à frente de um senhor de domínio negativo.

Aos berros, fomos recebidos:

– Como ousam adentrar meu domínio sem autorização?

– Alto lá, senhor Savineh; meu Mestre, o Mago Yonah, comunicou-lhe a nossa vinda.

– Aquele infeliz não determina o que acontecerá em meu domínio.

Cada palavra daquele ser trevoso era emitida aos berros. Imaginem um berro que ecoa por muitos quilômetros e terão uma ideia de como ocorria.

Os seres escravizados por ele carregavam medo e pavor no semblante. Pude perceber, enquanto ali estive, que por meio dos gritos aquele ser infeliz escondia sua ignorância e impunha a ordem naquele ambiente pelo medo.

Alva falou:

– Senhor Savineh, por favor, estamos aqui com a finalidade de dialogar; portanto, peço que nos escute por um instante apenas.

Aparentando estar mais calmo e visivelmente cansado, aquele ser que lembrava um homem das cavernas (possuía um corpo forte, como de um levantador de pesos, cabelos negros enormes e sujos, que exalavam um cheiro fétido, e um rosto por demais envelhecido) passou a ouvir Alva:

– Senhor Savineh, preciso que me escute com atenção. Há um homem ligado ao senhor, sob a tutela do nosso mistério. Ele se chamou Soares na última encarnação. Precisamos que o senhor o liberte, para que possa seguir em paz sua jornada. Entenda, senhor de um domínio da ignorância humana, esta ligação atrasa não apenas a evolução dele, mas também a sua.

Ele soltou uma enorme gargalhada (digo enorme porque, mais do que sonora, prolongou-se por alguns minutos). E novamente, aos berros, disse:

– Esse desgraçado atrasou a minha evolução, desde que me prejudicou, quando vivemos sob o mesmo sol e a mesma lua, no princípio dos tempos. Por conta do que me fez, perambulei perdido pela escuridão durante muito tempo, minha senhora – disse ele olhando para Alva.

Em seguida, olhou para mim, prosseguindo:

– Senhor Exu Caveira, durante séculos eu perambulei, fui dominado, apanhei, até que, quando me fortaleci e conquistei este domínio, tive a possibilidade de vingar-me dele e de tantos outros que me prejudicaram, além de escravizar gente que nunca vi antes. Porém, afirmo: odeio todos os humanos...

Interrompi-o:

– Esse seu ódio estende-se a si mesmo, Senhor Savineh, pois também é um humano.

Olhando-me com ódio, ele falou, berrando:

– Eu não sou um humano mais, há muito tempo, sou um rei, um senhor deste domínio. Além do mais, Senhor Exu Caveira, após assentar-me aqui, conquistar este trono à base de muita força, ainda levei muitos séculos até localizar esse desgraçado e promover a ligação dele comigo que, diga-se de passagem, não foi nada difícil. Ele estava tão negativizado, que não ofereceu resistência alguma. Peguei-o pelo Sétimo Sentido, pelo sexo!

Ao final da fala, aquele homem infeliz, com a mão esquerda, agarrou o ar, transmitindo em seu semblante uma gana assustadora.

Falei para ele:

– O senhor precisa abrir seu mental para uma compreensão maior do todo, senhor...

Ele me interrompeu:

– Não fale palavras difíceis para mim, filho da morte! Nada disso me convencerá.

Alva olhou firme para ele e perguntou:

– Então, o senhor não o libertará, pobre e ignorante senhor deste domínio?

Ele, com ódio nos olhos, falou aos berros:

– Como ousa você, sua infeliz, dirigir-se a mim desta forma, dentro do meu reino?

Ao terminar de falar, plasmou um tacape em sua mão esquerda, direcionando-o a Alva. Daquele objeto saíram ondas vibratórias cinzas que a pegaram de surpresa e derrubaram-na.

Tomado por um impulso frenético, puxei à mão esquerda e para o alto meu cetro, girando-o no ar, no sentido anti-horário, e projetando ondas vibratóras pretas para aquele infeliz.

Seu trono começou a "tremer", como se ocorresse ali um terremoto localizado. Ele tremia, como quem está sendo executado a "choques" em uma cadeira elétrica.

Em dado momento, após tantos choques, ficou paralisado. E, lentamente, seu trono foi reestabilizando-se.

Alva levantou-se, ainda um pouco estonteada. Corri até ela, estendendo-lhe a mão, e perguntei:

– Sente-se bem, Senhora Alva?

– Estou bem sim, meu senhor! Fui atingida de surpresa. Eu não deveria permanecer à frente deste homem desguarnecida. Poderia ter me protegido com a espiral eólica ou com a energia ígnea, mas não o fiz.

Já em pé, ela olhou para ele, paralisado, e me perguntou:

– Senhor Exu Caveira, que mistério o senhor aplicou nele?

– Paralisei seu mental, Senhora Alva. Eu não possuía autorização para executá-lo, transformá-lo em ovoide. Porém, tive amparo da Lei para paralisá-lo, a fim de que não mais atente contra a vida.

– E o que acontecerá com ele, meu senhor?

– Muito provavelmente se tornará um espírito dementado, e assim permanecerá por alguns séculos.

Enquanto eu falava, outros irmãos Caveiras já se encontravam naquele local, a fim de remover aquele espírito a uma realidade na qual se juntaria a devedores da Lei que se encontravam em condição similar.

Dirigiu-se a nós um dos irmãos, que me olhou e falou:

– Estamos levando este marginal para os domínios do Pai Omolu, onde será tratado até que se recupere dos seus negativismos e, consequentemente, limpe seu mental, caro irmão.

– Vá, irmão – falei-lhe. – O Divino Senhor Omolu dará a ele o que merece.

Ele se retirou.

Alva perguntou-me:

– E agora, o que acontecerá com ele, meu senhor?

– Permanecerá por um período em domínio cósmico do Sentido da Geração, acompanhado por outros espíritos que, assim como ele, atentaram contra a Vida.

– Então, o senhor Soares está livre?

– Caríssima Senhora Alva, entenda: este trono está temporariamente vago, porém não tardará a ser tomado por outro ser negativizado no Terceiro Sentido da Vida, o do Conhecimento. E, além disso, a dementização deste senhor de domínio não corta o cordão que há entre ele e o espírito que se encontra sob os domínios do Mistério de Reforma e Prisão das Consciências.

– Então, Senhor Exu Caveira, o que deveremos fazer agora?

– Temos um caso bem complicado, Senhora Alva! Pois, além das ligações desses dois homens com o embaixo, há o conflito cármico entre ambos. E, com eles presos aos caixões, afirmo-lhe, será muito difícil conseguirmos realizar algo que corte o elo negativo entre os dois.

– Então, o que o senhor sugere?

— Bem, se eles não estivessem sob a tutela deste mistério do meu Pai Omolu, tenha certeza, eu os colocaria frente a frente. E garanto-lhe que, desta forma, esgotaria todo o negativismo que há em ambos e entre eles. Assim agindo e depois afastando-os por tempo indeterminado, contribuiria para que ambos, ainda que permanecendo em faixas vibratórias negativas, mas já livres desse peso cármico, caminhassem melhor no rumo certo.

Alva, de forma incisiva, falou:

— Isto é impossível, meu senhor! Em hipótese alguma, um espírito sob a tutela do Mistério de Prisão e Reforma das Consciências sai antes do tempo determinado pela Lei.

— Eu sei disso, Senhora Alva! E, em hipótese alguma, questionaria um mistério da Vida, que se encontra sob a irradiação do Divino Omolu. Mas a senhora me perguntou o que eu faria, e eu falei... apenas isso!

Ela ficou pensativa por alguns instantes, olhou-me e disse:

— Acho que seria prudente conversarmos com Mestre Yonah, Senhor Exu Caveira!

— Antes, Senhora Alva, penso ser mais prudente visitarmos o outro domínio e também os dois espíritos que se encontram sob a tutela de seu mistério, pois assim, ao conversarmos com Senhor Yonah, teremos mais recursos e argumentos.

— É, está coberto de razão, Senhor Exu Caveira!

Envolvidos pela espiral eólica, volitamos até a tumba do Sr. Soares.

Ele se encontrava amarrado ao caixão por cordões energéticos escuros e muito grossos.

Mentalmente, demonstrava uma enorme força. Pensava no irmão o tempo inteiro e a ele transmitia energias negativas.

Quando nos viu, falou:

– Quem são vocês? E o que fazem aqui? Se vieram me libertar, façam-no logo, pois não aguento mais ficar aqui neste lugar imundo.

Falei para ele:

– Não viemos aqui para promover algo que somente o senhor pode fazer, caro Soares!

– Como ousa falar assim comigo, esqueleto imundo?!

Imediatamente, levantei meu cetro com a mão esquerda para o alto, fazendo com que um raio em forma de trovão caísse bem próximo à sua cabeça, assustando-o bastante.

Com os olhos arregalados, ele falou:

– O que é isto? O que querem de mim?

– Primeiramente, respondendo sua pergunta, caro Soares, digo: Eu sou Exu Caveira! Respeite-me e, só depois, dirija-se a mim!

Tomado por uma humildade surpreendente (ao menos naquele instante), ele falou:

– Sim, senhor!

Alva passou a falar:

– Senhor Soares, é preciso que o senhor se livre desses sentimentos mesquinhos que funcionam como uma erva daninha no seu íntimo, como um veneno que o vai matando aos poucos. Entenda: enquanto alimentar esses sentimentos, estará ligado ao "inferno".

Ele falou:

– Já me encontro no inferno, minha senhora! E, quanto àquele infeliz que se diz meu irmão, impossível atender ao seu pedido. Foi ele quem me colocou aqui.

Interferi e falei:

— Está completamente enganado, sr. Soares! O senhor foi encaminhado para cá pela Lei Maior, em razão dos erros cometidos durante a sua jornada. Atentou por demais contra o Sétimo Sentido da Vida. Agora está aqui, preso, para que reflita e reforme seu íntimo.

— E por que eu deveria acreditar no que dizem? – perguntou-nos aquele infeliz.

Alva olhou-me. Eu disse:

— Só deve acreditar em nós quando a humildade tomar seu coração. Por ora, fique refletindo mais um pouco, meu senhor.

Alva envolveu-nos na espiral eólica e volitamos mais uma vez para o campo-santo.

Sentados à pedra, conversávamos.

— Senhor Exu Caveira, creio que não teremos sucesso neste caso.

— Neste e em nenhum, Senhora Alva, caso os espíritos envolvidos não queriam recuperar-se de fato. Somos guardiões da Lei, é verdade, mas não somos heróis. Não se sinta culpada ou fracassada. Foram eles que se colocaram nesta situação. Só nos resta pedir à misericórdia divina que olhe por eles.

— É, o senhor tem razão.

— Bem, acho que já podemos pensar no próximo passo, Sra. Alva.

— Sim, meu senhor. Precisamos visitar o domínio ao qual Francisco está preso e também a tumba onde se encontra.

— E só então poderemos conversar com o Senhor Yonah, correto?

— Perfeitamente correto, meu senhor!

Preparamo-nos, então, para o prosseguimento daquela missão, que será descrito na segunda parte deste relato, a seguir.

Ignorância, a Cegueira Espiritual Humana – Parte 2

Já nos encontrávamos na tumba de Francisco, que, ao nos ver, nos olhou serenamente e, com calma e tranquilidade, perguntou:

– Vieram tirar-me daqui?

Alva, olhando fixamente em seus olhos, falou:

– O senhor sairá daqui quando quiser, sr. Francisco!

– Mas eu quero sair daqui!

– Ótimo, então, repense-se como ser, reveja sua caminhada. Veja onde errou e entenda por que veio parar aqui.

Lágrimas começaram a correr pela face daquele homem. Ele falou:

– Eu nunca fui mau! Nunca atingi ninguém!

Intervim, dizendo:

– Quando, na última encarnação, o senhor, com essa tranquilidade que está nos transmitindo agora, roubou seu irmão, prejudicando financeiramente a ele e sua família, o senhor atentou contra a vida. Saiba que sua cunhada teve a saúde prejudicada naquele período em que estava grávida e acabou perdendo o filho. Portanto, seu egoísmo abreviou uma vida...

Alva olhou-me sorridente. Prossegui.

– O senhor sabe por que está ligado a um domínio das trevas da ignorância humana?

– Não sei, meu senhor!

– Porque, durante as suas encarnações, invariavelmente, o senhor surrupiou, roubou pessoas próximas e que em sua pessoa tinham confiança. Sempre achava que estava sendo prejudicado. Não se preocupava em analisar os fatos e observar que o senhor tinha o que lhe era de direito. Se não se deixasse tomar pela ignorância, caro amigo, não teria se ligado tão intimamente a este domínio trevoso oposto ao conhecimento, ao qual está conectado.

– Mas eu só queria o que julgava ser meu!

– E quem lhe concedeu outorga para tal julgamento? Quando foi que o senhor se voltou para Deus e pediu clareza, discernimento? Aliás, raros foram os momentos em que se voltou para Deus. Na última encarnação, então, quase nunca... correto?

Chorando suavemente, ele falou:

– O que preciso fazer para sair daqui?

Alva falou:

– Pensar, pensar, pensar... refletir, refletir, refletir... meditar, meditar, meditar... e, finalmente, reformar-se intimamente. Assim fazendo, sr. Francisco, se desligará automaticamente dos cordões que o ligam ao domínio do embaixo e terá, do Mistério de Prisão e Reforma das Consciências, autorização para libertar-se das amarras que o mantêm neste caixão.

Complementei:

– E então, meu senhor, poderá caminhar com suas próprias pernas, depois de muito tempo, saiba disso!

Francisco ficou em silêncio, pensando em tudo o que ouvira. Eu e Alva, amparados pela espiral eólica, volitamos para o campo-santo.

Conversamos um pouco. De lá, mentalmente, acompanhei os movimentos do senhor do domínio do embaixo ao qual Francisco estava ligado.

Porém, não tínhamos permissão da Lei para penetrarmos naquele local.

É preciso que fique claro que toda e qualquer ação nossa se dava sob os desígnios da Lei, sob os olhos do Senhor Ogum Naruê, com o amparo da Senhora Iansã das Almas e sob as ordens do Divino Pai Omolu.

Há de se falar também que, quando atuávamos no campo-santo, no "alto", agíamos sob os olhos dos Senhores do Cruzeiro das Almas e, por consequência, do Divino Senhor Obaluayê.

Quando me refiro a ações no alto, falo de nossas conversas e reuniões à pedra, naquele campo-santo, que se situava bem próximo ao Cruzeiro das Almas.

Lá, determinávamos nossas ações e partíamos para os domínios do embaixo, sob os desígnios do Divino Omolu e dos Orixás Intermediadores já citados.

Voltando ao caso.

Francisco estava ligado àquele domínio trevoso há alguns séculos. Bem menos tempo do que Soares estava ligado àquele infeliz o qual paralisei, pois já passavam de 2 mil anos que havia sido escravizado.

Porém, Francisco negativizou-se (se é que assim se pode dizer) de modo passivo.

Agiu sim, sempre, conscientemente; porém, muito mais por ignorância e omissão, atentou contra a vida.

Já Soares, agiu invariavelmente, várias vezes, conscientemente e de modo ativo, sendo algoz de muitas pessoas, promovendo o encerramento precipitado de muitas vidas, de forma direta e indireta.

Soares era um espírito que, se recebesse a concessão de livrar-se do Mistério da Prisão das Consciências, seria perseguido por muitos séculos, porque muitos aos quais ele prejudicou aguardavam encontrá-lo para um acerto de contas.

Neste caso, a prisão ao caixão era, até, uma bênção para ele.

Já no caso de Francisco, um homem de raciocínio lento e acomodado em suas atitudes, até que tomasse consciência do caminho correto muitas águas rolariam.

Os Sagrados Orixás responsáveis pelo Mistério de Prisão e Reforma das Consciências, naquele momento, acharam prudente mantê-los presos ao caixão.

O plano material vivia, naquele momento, o fim da década de 1940 d.C. Estourava a Guerra Fria. Levar aqueles espíritos de volta à carne seria decretar e carimbar a negativização deles, pois nasceriam sob as vibrações de uma guerra mundial, cresceriam sob as irradiações da Guerra Fria e dos conflitos espalhados pelo mundo, o que contribuiria bastante para afloração dos seus negativismos.

Neste sentido, a atuação dos Mestres Pessoais e dos Divinos Orixás Ancestrais desses dois homens foi decisiva! Pois foram taxativos ao demonstrar que não faziam questão de ver seus filhos e tutelados fora dos campos daquele mistério reformador consciencial.

Francisco e Soares foram irmãos, na última encarnação, em Portugal. Mas, no século XVII, viveram no Brasil. Nessa encarnação, Soares fora um senhor de engenho, e Francisco, seu escravo.

E foi nessa vida que a rivalidade entre ambos aflorou por demais, ultrapassando os limites toleráveis pela Lei, pois, tomado pelo ódio ao seu senhor (porque era um dos escravos que mais apanhava), Francisco violentou uma das filhas do seu senhor de engenho, fugindo em seguida. Porém, não demorou muito a ser encontrado. Foi capturado, mas, antes de chegar à fazenda, conseguiu fugir.

O então escravo aprendeu com seus "irmãos" de senzala alguns feitiços.

Após fugir da emboscada, pensou: "Não demorará muito a me pegarem novamente. Morrerei, mas jogarei uma maldição sobre aquele infeliz e sua família!".

Refugiado em um bosque, com muitos elementos naturais à sua disposição, preparou algumas fórmulas (que aqui não citarei), destinando-as ao seu senhor e toda a sua família.

Alguns dias depois, foi encontrado e capturado, sendo levado de volta à fazenda.

O senhor daquele engenho fez questão de, pessoalmente, chibateá-lo até a morte.

Ele faleceu ali, perante toda a família, mas, ainda agonizando, respirando com dificuldades, falou:

– Não tardará e todos estarão mortos. Nós nos encontraremos no inferno!

Um mês após a morte do escravo, a filha mais velha do senhor de engenho morreu afogada em um rio próximo à fazenda. Seis meses após a morte da filha, a esposa do senhor de engenho morreu com uma doença que os médicos da época não conseguiram diagnosticar. Sua outra filha fugiu de casa com um escravo e nunca mais deu notícias. Às raias da loucura, aquele homem pôs fogo na própria casa e, dentro dela, aguardou a morte.

Os encontros entre ambos foram tumultuados em várias encarnações. Citá-las aqui daria um livro à parte.

Porém, posso relatar que a rivalidade nasceu em Jerusalém, no século IV d.C., onde disputavam a primazia no comércio local.

Mas, infelizmente, tal mesquinharia se transformou em uma batalha que não se encerrou até hoje.

Neste relato, em que retratamos a ignorância, é preciso que o nobre leitor atente que a mesquinharia é uma semente plantada pelos senhores do embaixo, para que a ignorância se perpetue.

E, invariavelmente, obtém sucesso, infelizmente!

A Criação de Deus é bela e simples, caro leitor, mas nós, os filhos humanos, com nossa característica "pequenez", acabamos complicando tudo e nos enredando em negatividades por séculos e séculos, milênios e milênios... muitas vezes, por motivos fúteis.

Prolonguei-me neste relato, para que você pudesse entender o que se passa em vários destes casos.

Muitos, ao lerem esta obra, dirão algo do tipo: "Isto é inaceitável! Este mistério não recupera ninguém, só piora a situação desses espíritos!".

E eu alerto: muito cuidado, caro leitor, com conceitos equivocados e banhados em preconceitos e visão limitada do Todo, que é a Criação de Deus. O humano sofre de "coitadismo", considerando-se sempre injustiçado. E, quase nunca, olha para si e para os seus equívocos.

Se você analisar caso a caso deste livro com tranquilidade e humildade, verá que, para cada um destes espíritos, não haveria solução melhor.

Voltando à história.

Eu e Alva nos encontrávamos diante do Mago Yonah.

Ele falou:

– Senhor Exu Caveira, meu nobre irmão, solicitei seus préstimos neste caso porque considerei que só um Guardião da Vida, com a sua visão do Todo, poderia trazer-nos um diagnóstico exato deste problema. Saiba, caro senhor, que os piores casos que temos aqui são estes, de rivalidade entre espíritos que se encontram sob a Guarda do Mistério de Prisão e Reforma das Consciências. Quando isto se dá com algum espírito de outro domínio, ou até mesmo encarnado, para nós é perfeitamente controlável. Mas, quando se dá internamente em nosso domínio, ficamos muito preocupados com o desequilíbrio que pode causar.

Compreendia perfeitamente aquele Guardião de domínio, pois uma situação como aquela poderia (como acontecem nas prisões do plano material) provocar uma rebelião. O que faria com que todas as atenções da Lei, da Justiça e da Vida se voltassem para aquele mistério, enviando para lá milhares de guardiões, a fim de restabelecer a ordem.

Tinha em mente uma solução que intuía ser a melhor, porém receava ser mal-interpretado por Yonah, um espírito inflexível na guarda daquele mistério.

– Permita-me expor o que penso, Senhor Yonah?

– Perfeitamente, Senhor Exu Caveira!

– Se a presença de ambos aqui pode, em algum momento, instaurar o caos; se já conseguimos paralisar o infeliz que escravizava um deles, porém não temos autorização para adentrar ao domínio que escraviza o outro, o senhor deve concordar comigo, ficamos de mãos atadas.

Ele ficou me olhando, atento e apreensivo. Alva, como já sabendo o que eu diria, sorria. Prossegui:

– Então, sugiro que o senhor liberte Francisco, encaminhando-o para uma correção sob a tutela de outro mistério, ou até mesmo de um domínio do embaixo.

Visivelmente irritado, ele falou:

– Nem pense em uma coisa dessas, Senhor Exu Caveira! Em hipótese alguma, desviarei uma determinação da Lei! Em hipótese alguma, mostrar-me-ei fraco diante do meu Divino Senhor Omolu!

– E se eu lhe disser, Senhor Yonah, agora, que esta é uma vontade da Justiça, da Lei e do Divino Pai Omolu?

Ele nada falou, pôs-se a refletir. Pediu-nos licença e dirigiu-se ao seu trono. Assentou-se e nele ficou por horas pensando.

Em dado momento, Alva me falou:

– Meu senhor, creio que, pela primeira vez, verei meu Mestre abrir mão de um espírito guardado pelo Mistério de Prisão e Reforma das Consciências em prol do equilíbrio não só do nosso domínio, mas de toda a Criação de Deus.

Sorri para ela e nada falei.

Após muito pensar, ele levantou-se do seu trono, dirigiu-se a nós e falou:

– O senhor tem razão, Exu Caveira! É uma vontade do Pai Omolu, do Senhor Ogum Naruê, que retiremos esse homem daqui. Porém, digo-lhe: entrego esse infeliz ao senhor, que o levará para onde eu não quero saber, mas que nunca mais ele seja encaminhado aos domínios do Mistério de Prisão e Reforma das Consciências.

– Com certeza não será, Senhor Yonah!

Alva acompanhou-me até a tumba de Francisco. Ela desamarrou-o daqueles cordões densos que o prendiam ao caixão com uma projeção mental eólica. Em seguida, estendeu-lhe a mão, levantando-o da tumba.

Quem assistisse à cena, veria, naquele momento, seu corpo material já bastante decomposto "murchando".

Ele mal conseguia parar em pé. Ela o segurou pelas costas, jogando-o na minha direção, logo em seguida. Segurei-o com a ponta do meu cetro, soltei uma sonora gargalhada, olhei no fundo dos seus olhos e disse:

– Vamos embora, espírito infeliz!

Envolvi-o com meu cetro e volitamos.

Em uma fração de segundos, encontrávamo-nos no domínio do embaixo, ao qual ele estava ligado.

Como que em um toque mágico, Francisco teve sua memória "religada", olhou para mim desesperado e falou:

– Não, Senhor Exu Caveira, aqui com esse espírito cruel eu não ficarei! Leve-me de volta para o caixão.

O senhor daquele domínio trajava-se em um arquétipo de um homem bem velho, centenário, com longos cabelos brancos e corpo quase esquelético.

Apenas sorriu e, calmamente, falou:

– Não seja rebelde, meu escravo, afinal você sabia que um dia este momento chegaria! Vamos acertar nossas contas. Você me deve tanto, não é mesmo? Muito pediu, ao longo dos séculos, e nada pagou.

Eu olhei para aquele infeliz senhor de domínio e falei:

– Então, ele está entregue, senhor de um domínio da ignorância.

Soltei uma sonora gargalhada, que ecoou por vários domínios, e volitei de volta para o campo-santo, deixando Francisco ali, para o maior acerto de contas da sua existência.

Ele se encontra escravizado naquele domínio até hoje. Seus Mestres assim o manterão por algum tempo.

Soares, ainda preso à tumba, não consegue tomar-se pela humildade. Porém, a decisão tomada pelo Mago Yonah foi sábia e correta, pois evitou um desequilíbrio que poderia abalar seu domínio e, por consequência, o Mistério de Prisão e Reforma das Consciências como um todo.

Esse foi o destino desses dois infelizes que, se não foi o melhor ou o mais próximo de um conto de fadas, como desejariam muitos que lerão esta obra, foi o determinado pela Lei de Deus.

E que fique claro: todo o ser colhe o que planta. E quem semeia a ignorância, colhê-la-á como uma frondosa árvore.

A seguir, um breve comentário.

3º COMENTÁRIO

Buscar a Expansão é Trilhar na Senda do Conhecimento

Você pode perceber nesta breve história, caro leitor, algo que é muito comum no dia a dia dos encarnados. Basta que olhe para o lado, para ver que muitas pessoas, ainda e infelizmente, às portas de uma nova era, vivem atoladas na ignorância.

Que fique bem claro, mais uma vez, que os senhores das trevas atuam de modo muito competente na disseminação dessa palavra, decisiva para que as vidas humanas não andem e, por consequência, a do plano material humano.

Graças à receptividade humana às imbecilidades promovidas por esses senhores da ignorância, a dimensão humana (especialmente o plano material) é um prato cheio para a alimentação desses seres equivocados e negativizados.

Porém, há uma saída, uma salvação, como sempre há, na Criação de Deus: a propagação do Conhecimento.

Se você, caro leitor, promovê-lo à sua volta, saiba, já estará contribuindo muito para a virada deste jogo.

Sim, digo isto, porque sei que, muitas vezes, as pessoas acham que não adianta tentar fazer algo à sua volta, pois não mudarão o Todo.

Então, informo: é esse pensamento que os senhores do embaixo implantam no mental humano. Pensar assim, caro leitor, é servir a eles. Portanto, mude de pensamento e atitude já!

As trevas, garanto, conheço bem.

Trilho por todas as faixas vibratórias negativas, nas quais, invariavelmente, sou respeitado.

E você sabe por quê? Porque todos os senhores de domínios negativizados sabem que sou um Guardião Cósmico do Sétimo Sentido da Vida, servidor do Senhor da Morte, o Divino Pai Omolu, aquele que paralisa a todo e qualquer ser que estiver atentando contra a vida.

Exu Caveira dirige-se a você agora, leitor desta obra, e suplica: seja um soldado, um guerreiro da Vida. Nada tema! O momento que o plano material vive é de uma intensa batalha contra a ignorância.

Levante a bandeira do Conhecimento. Estará amparado pelo Divino Oxóssi, neste sentido, e pela Senhora da Terra, a Divina Obá. E, com certeza, estará guardado pelo Senhor da Vida, o Divino Omolu.

Lute pelo Conhecimento, lute pela Vida. E, se se sentir fraco ou inseguro, chame por Exu Caveira, pois estarei ao seu lado, amparando-o e protegendo-o, incansavelmente, enquanto estiver lutando pela Vida, enquanto estiver propagando o Conhecimento.

Breve Pausa para uma Reflexão

Muitos fatos ocorreram, desde o século passado, quando passei a estudar as causas e consequências do Mistério de Prisão e Reforma das Consciências.

A convivência com o Mago Yonah e o reencontro com Alva propiciaram a aquisição de conhecimentos jamais imaginados por mim anteriormente.

Talvez, caro leitor, este seja um dos grandes e doces sabores da caminhada evolutiva. Quando trilhamos um certo rumo, de repente, um vendaval nos carrega, redirecionando, muitas vezes, para um caminho que desconhecíamos, mas que, ao trilharmos, passamos a vê-lo como "o nosso caminho". E, invariavelmente, questionamo-nos: "Como pude nunca desejar isto antes?".

Isto aconteceu comigo, quando me vi completamente envolvido nesta missão de estudos acerca do mistério corretor das consciências desvirtuadas.

A cada caso, a cada história, um novo aprendizado.

Certa noite de lua minguante, estava sentado à pedra onde eu refletia, naquele campo-santo. Pensava em tudo o que vinha ocorrendo na minha vida de Guardião. Tudo o que relatei anteriormente, ao iniciar este comentário, era o que se passava pela minha mente naquele momento.

Todos os casos eram sempre muito excitantes e interessantes para mim. O último que aqui relatei, especialmente, teve aquele sabor de missão muito bem cumprida, pois pude atuar diretamente como um agente cósmico da Vida, da Lei Maior e da Justiça Divina.

Apesar da sua aparente inflexibilidade, o Mago Yonah era um homem justo, um ser que amava a Criação de Deus acima de tudo e vivia em função do Sétimo Sentido da Vida. Em suma, um valoroso servidor do Senhor Orixá Omolu.

Alva, uma mulher muito inteligente. Assim era, desde os remotos tempos em que vivemos juntos no plano material. Ancestralizada da Divina Orixá Iansã, era, naquele mistério, uma maga à Esquerda, atuante e servidora da Senhora Iansã das Almas e a serviço de um mistério Guardião da Vida, irradiado pelo Amado Pai Omolu.

O campo-santo (ou o cemitério, se o leitor assim preferir) é um ponto de forças natural, um ponto de passagens. Afinal, todos sabemos que por lá passam os espíritos que encerram suas missões no plano material e partem para o espiritual. E de lá são encaminhados, conforme seus merecimentos, para planos da vida, na dimensão humana, nas faixas vibratórias positivas ou negativas, conforme determinação da Lei. Determinação esta que se dá, única e exclusivamente, baseada nas sementes plantadas pelo ser, durante o seu estágio na carne.

A Lei Maior simplesmente executa o que foi determinado pela Justiça Divina.

Não confunda a Lei Maior e a Justiça Divina com o que conhecem aí no plano material. É, quando feita, uma comparação injusta. Entenda: essas cópias malfeitas da lei e da justiça aí onde vivem deveriam ser, sim, no plano material, uma reprodução ou continuidade da Lei e da Justiça de Deus. Mas, infelizmente, o ser humano conseguiu desvirtuar isto também.

A Lei Maior e a Justiça Divina são retas e justas. O que está escrito como um desígnio de Deus está escrito e ponto final. Não há exceções, negociações, permutas.

Tudo, mas tudo mesmo, qualquer pensamento, palavra ou atitude proferida no plano material ou em qualquer outro plano ou dimensão da vida, é anotado pela Justiça Divina, colocado em sua balança. Trocando em miúdos: tudo fica gravado na Tela Vibratória da Justiça Divina, regida pelo Senhor Orixá Xangô.

E, a partir de então, entra em ação a Lei de Deus, pois, se tudo fica gravado na Tela do Divino Xangô, também fica na Tela da Lei, do Divino Ogum, que é o aplicador das sentenças, o Orixá polarizador, aquele que encaminhará a todos, sem exceção, para os seus lugares de merecimento.

Não pense, caro leitor, que essas atuações da Lei Maior e da Justiça Divina, ou seja, dos Divinos Ogum e Xangô, se dão apenas no momento do desencarne. Elas já acontecem o tempo todo, durante a vida na carne. Pare, reflita, pense em tudo o que lhe tem acontecido e tudo o que tem visto acontecer ao seu redor.

Portanto, saiba que a Justiça e a Lei Divinas estão presentes em todos os cantos da Criação do Pai.

E, no campo-santo, não é diferente.

Como tudo na Criação tem polo positivo e negativo, alto e embaixo, direita e esquerda, os pontos de passagens (os campos-santos ou cemitérios) têm suas regências no alto e no embaixo, assim como representantes da Lei e da Justiça de Deus nesses dois polos.

O campo-santo é regido no alto pelo Divino Orixá Obaluayê, no embaixo pelo Divino Orixá Omolu.

Mas há também a atuação, nesses pontos de forças naturais, da Divina Orixá Nanã Buruquê, como polo oposto do Senhor Obaluayê, no Sentido da Evolução. Onde ele está, ela também está.

Todos os Sentidos da Vida se encontram a todo momento, em todos os campos.

No cemitério, que é regido pelo Senhor Obaluayê (Sentido da Evolução), ele é auxiliado por Orixás Intermediadores, que lá garantem a esse sentido a presença, o amparo e apoio dos outros seis.

Como estamos falando especificamente na Justiça e na Lei (quarto e quinto sentidos da vida, respectivamente), então precisamos entender os Orixás que lá atuam, auxiliando o Divino Obaluayê.

Aplicando a Justiça Evolutiva, ou seja, o sentido da Justiça nos campos da Evolução, está o Orixá Xangô da Calunga (fogo-terra), que nada mais é do que a imanência do Divino Orixá Xangô Maior, nos campos do Senhor Obaluayê.

Aplicando a Lei Evolutiva, ou seja, o sentido da Lei nos campos da Evolução, está o Orixá Ogum Megê (ar-terra), que nada mais é do que a imanência do Divino Orixá Ogum Maior, nos campos do Senhor Obaluayê.

Todos os guias espirituais, ditos das "Almas especialmente ao Pai Omolu", atuam no cemitério, sempre sob a irradiação destes Divinos Orixás, em algum ponto de atuação do campo-santo. Alguns nas encruzilhadas dos campos-santos, como em outros lugares também.

Todos os guias espirituais, ditos do "Cruzeiro das Almas", atuam no cemitério, nesse que é o ponto nevrálgico e central do campo-santo. Invariavelmente, esses guias atuam, se não sob a irradiação direta do Senhor Obaluayê, sob sua irradiação por meio de um Orixá Intermediador.

Assim se dá, então, no cemitério, a atuação de alguns Orixás intermediadores, como o Senhor Xangô da Calunga e Senhor Ogum Megê, que já citamos, e, também, da Senhora Iansã das Almas, entre outros.

No lado debaixo do campo-santo, onde atuo, todos estão sob a irradiação direta do Divino Pai Omolu.

A Lei é aplicada, nesses campos, pelo Senhor Ogum Naruê. E é preciso que saiba, caro leitor, de que não é nada amigável a sua atuação.

Aquele que é direcionado a este mistério, saiba, será corrigido sem concessões ou punido severamente.

Toda essa explicação é para que entendam que há uma hierarquia nos ditos cemitérios, pontos de passagens, com atuações muito bem definidas dos Divinos Orixás (como é em toda a Criação) e também dos guias espirituais que nesses pontos de forças labutam, sob a irradiação desses Divinos Pais e Divinas Mães.

Mas há um mistério que a tudo rege e controla (sob irradiação do Senhor Obaluayê, da Senhora Nanã Buruquê e do meu

Pai Omolu) nos cemitérios, que é o Mistério do Cruzeiro das Almas.

Mas adentrar esse mistério é função para outra obra.

Como este é um livro que será, quando publicado, alvo de tiros certeiros e maldosos, estendi-me nesta explicação, para que entendam que o preconceito com esses pontos de passagem é fruto das mentes bobas e ignorantes.

As edificações que hoje configuram os cemitérios, em tempos remotos, eram apenas pontos onde, ao desencarnar de um ente querido, os humanos o enterravam e ali colocavam uma cruz (símbolo máximo da Fé, mas também da Evolução), a fim de sinalizar que ali estavam os restos mortais de alguém que voltou para o lugar de onde veio: a terra.

Ou seja: "Da terra viemos e para ela voltamos", como dizem muitos humanos encarnados.

Com o passar dos tempos, o ser humano foi criando espaços específicos para esse fim. E o que era simplesmente mais um elemento (a Terra), mais um sentido da vida manifestando-se (a Evolução, através da passagem de um plano para outro), tornou-se alvo de misticismos e de dominação dos mais espertos sobre os outros.

Quando falo em dominação, refiro-me especificamente à exploração comercial que o homem promove sobre seus semelhantes no plano material. Até no momento da passagem de uma realidade para outra da vida, conseguiu o ser humano impetrar o domínio da moeda.

Voltemos à pedra, onde me encontrava sentado naquela noite de lua minguante.

Lá estava, organizando ideias e pontos deste estudo que chegariam, ao seu final, a esta obra que você lê agora.

Em dado momento, pensei: "Farei uma breve dissertação explicativa e esclarecedora, para que o leitor que chegar à obra que enviarei ao plano material entenda, de uma vez por todas, o Mistério de Prisão e Reforma das Consciências como uma dádiva divina, regida pelo Pai Omolu, e não como uma punição "maldosa" ou "satânica'.

Então, preparei o seguinte comentário:

"O Mistério de Prisão e Reforma das Consciências é, nada mais nada menos, do que um recurso da Lei de Deus, que possui a finalidade de desentortar todo aquele ser que se entortou por conta própria, teimosia ou ignorância.

Permanecer preso à tumba, ao caixão, para espíritos que por ademais atentaram contra a vida, é um modo de levá-los à reflexão. Portanto, o tempo que lá ficarão depende muito mais de suas reformas íntimas do que da determinação da Lei em si.

Quando o espírito que lá se encontra começa a banhar-se em humildade, tenha certeza, passa, aos poucos, a desamarrar-se do caixão.

O problema é que esta palavrinha, humildade, é muito fácil de ser falada ou cantada, mas muito difícil de ser realmente compreendida e absorvida pelos humanos.

Então, de uma vez por todas, caro leitor: só colhe maçãs, quem planta maçãs; só colhe batatas, quem planta batatas...; e só fica preso sob a tutela do Mistério de Prisão e Reforma das Consciências, quem contra a vida atenta".

Minhas reflexões à pedra, naquela noite de lua minguante, levaram-me a trazer esta mensagem a quem lê este livro.

Antes de partirmos para a próxima história, encerrarei com um breve comentário que esclarecerá como funcionam o trabalho e a atuação dos magos guardiões deste mistério. Vamos ao comentário:

"O Mistério de Prisão e Reforma das Consciências, você já sabe, é regido e irradiado pelo Divino Omolu.

E há espíritos humanos que, sob essa divina irradiação, nele labutam.

O Senhor Mago Yonah é responsável pela guarda desse mistério nos campos-santos espalhados por alguns cantos aí do plano material, mas há outros magos que guardam esse mistério em tantos outros cantos desse "mundo" onde vivem.

Todo o mistério irradiado por um Divino Orixá é muito bem planejado e organizado. Imaginem uma grande empresa do plano material e elevem isto milhões de vezes.

Portanto, esclareço aqui que o Senhor Mago Yonah guarda esse mistério nos seguintes cantos do mundo material terreno: Reino Unido, Brasil, Portugal, Alemanha, Dinamarca e Filipinas.

Em outros lugares, há outros magos guardando esse mistério em um ou mais países. Há casos também nos quais, em determinado país, o mistério está sob a guarda de mais de um mago ou maga. Nesses casos, cada um cuida de uma região.

E o nobre leitor pode perguntar: "Mas como se dá esta distribuição que, pelo que percebo, não segue uma 'coerência' regional ou continental?".

E Exu Caveira responde: A distribuição da guarda deste mistério se dá, caro leitor, sempre por causa de afinidades do espírito que nesta função atuará com aquele ou aqueles países (ou até regiões), ou, até mesmo, por questões cármicas daquele mago ou maga.

No caso do Mago Yonah, que viveu apenas uma encarnação na Era Cristalina, você pode perguntar: "Mas, se ele nunca encarnou nesses países, qual a ligação cármica dele com tais lugares?".

E Exu Caveira, mais uma vez, responde: Realmente, nunca encarnou, mas, durante o período da sua queda vertiginosa, perseguiu tantos que encarnavam nesses países, que acabou criando, sim, carmas ligados a essas localidades. E, hoje, cumpre sua missão à frente do Mistério de Prisão e Reforma das Consciências, auxiliando na recuperação de espíritos que desencarnam nesses países.

Essa reflexão e esses esclarecimentos ocorrem neste momento, nesta obra, porque foi exatamente após o terceiro caso que me coloquei à pedra a refletir, por muitos dias e noites, acerca da forma como eu abordaria este mistério, deixando-o claro para o leitor e desmistificando toda e qualquer onda de preconceito que possa haver em relação a ele.

Por isso, reafirmo: em hipótese alguma, veja o Mistério de Prisão e Reforma das Consciências como algo demoníaco ou do "mal", porque, como já foi explicado e você pode compreender, ele nada faz, a não ser proporcionar ao ser negativizado e "entortado" na vida uma oportunidade para reflexão, reforma, realinhamento e retorno ao caminho correto evolutivo.

Portanto, o "mal" e o "demônio" estão no íntimo dessas pessoas, e não no mistério em si.

A seguir, iniciaremos mais uma história, que mostra a que ponto pode chegar um espírito desequilibrado.

Amor, Magia e Conflitos – Parte 1

Muitos, descrentes ou até mesmo praticantes de religiões espiritualistas, mais especificamente de Umbanda ou Quimbanda, podem questionar: "Mas como uma atuação do Senhor Exu Caveira se dá na Escócia, Portugal ou qualquer outro país que não seja o Brasil? Afinal, estes são arquétipos brasileiros desses Mistérios da Esquerda!?".

Esclarecendo: Exu Caveira e muitas outras falanges de Exus são mistérios guardiões espirituais humanos que há muito labutam no planeta Terra. Apresentam-se sob as mais variadas formas, conforme a cultura, religião ou país, naquele momento de atuação.

O Mistério Exu Caveira, um mistério espiritual Guardião humano, servidor do Mistério Divino Maior Cósmico da Geração e da Vida (Senhor Omolu), sempre atuou neste arquétipo que vocês conhecem.

No Brasil, outras variações arquetípicas surgiram, mas todas, invariavelmente, respondem ao Mistério Espiritual Guardião Humano do Senhor Exu Tatá Caveira, que responde ao Senhor Omolu, nosso Pai Orixá.

Portanto, para que fique bem claro. Nós, os guardiões, atuamos em todo o lado humano da Criação Divina no planeta Terra. E, quando falo em lado humano, falo da dimensão humana como um todo (contrapartes espiritual e material).

Agora, relatarei a você, caro leitor, o caso de uma mulher que até hoje, ao lembrar-me do seu sofrimento, sinto arrepios por todo o corpo.

Alva procurou-me, dizendo que, mais uma vez, o Mago Yonah necessitava dos meus préstimos.

Acompanhou-me até o salão onde ele se encontrava, aguardando-me.

– Mais uma vez juntos, Guardião Exu Caveira! – falou aquele espírito, dirigente do Mistério de Prisão e Reforma das Consciências.

– Mais uma vez, pronto para servir ao Sétimo Sentido, pronto para servir à Vida, Senhor Yonah!

Ele emitiu um leve sorriso e falou:

– Senhor Exu Caveira, há uma mulher, recém-desencarnada, sob a tutela deste nosso mistério, a qual considero um caso muito especial e delicado.

Alva, muito séria, desde que ali chegamos, em momento algum sorriu. E aquilo me deixou curioso.

Ele continuou a falar:

– Essa mulher, que em sua penúltima encarnação se chamou Lara, viveu na Inglaterra. É um espírito de origem cigana, que há muito vem trilhando sua senda evolutiva neste Planeta. Foi assassinada, Senhor Caveira, por ter sido reconhecida e, como bruxa "pagã", abominada por aquela sociedade.

Ele parou por um minuto. Alva começou a falar:

– Essa encarnação se deu na Inglaterra, como já disse meu Mestre, Senhor Caveira, no século XVIII. Seu envolvimento com um cavaleiro (também mago) chamado Edgard foi decisivo para a sua queda. Reencontraram-se no século XIX, na Argentina, onde ela se chamava Tânia, e ele, Ramón. E, novamente, o encontro entre ambos foi desastroso. Ela foi morta após uma sucessão de confrontos magísticos com ele. Depois do desencarne dessa, que foi sua última encarnação, perambulou durante algumas décadas pelas faixas vibratórias negativas. Chegou a encontrar com ele, que, após o desencarne, ficou em um determinado ponto aqui do embaixo, sob a tutela do seu Mestre Mago Tutelar e do seu Guardião.

Falei:

– Sei bem do que fala, conheço muito bem ambos. Ele, há alguns séculos, possui a proteção à Esquerda do Divino Pai Omolu; ela também. E ambos têm, de formas diferentes, a proteção e sustentação do Mistério Exu Caveira. Mas pergunto aos senhores: para que precisam de mim?

O Mago Yonah respondeu imediatamente:

– Caríssimo Guardião Cósmico do Sétimo Sentido da Vida, Lara e Edgard (chamá-los-emos pelos nomes da penúltima encarnação na Inglaterra, pois ela foi marcante e decisiva para que aflorassem os negativismos de ambos), em seus encontros e desencontros, invariavelmente encerravam seus relacionamentos de forma trágica. Porque não compreenderam, Senhor Caveira, que havia algo muito maior entre eles do que o envolvimento amoroso ou sexual. Não compreenderam que, juntos, servidores da Vida, do Divino Omolu e amparados pelo Senhor Exu Caveira, usariam dos seus dons magísticos em benefício das sociedades, das comunidades onde viveram...

Interrompi aquele Mago:

– E não tiveram, graças aos seus egos e à manifestação das suas vaidades, clareza e discernimento para o prosseguimento das suas jornadas cumprindo integralmente suas missões.

Alva falou:

– E isto vem se desenrolando há alguns séculos, meus senhores! Ela, ancestralizada da Lei, da Divina Mãe Iansã; ele, ancestralizado da Evolução, do Divino Pai Obaluayê; e ambos, sob guarda e proteção à Esquerda do Senhor Cósmico da Vida, o Divino Pai Omolu, não souberam e ainda não sabem que, muitas vezes, os encontros se dão para que os seres caminhem de mãos dadas, congregados em prol de um objetivo maior, que é o que Deus designa aos seus filhos.

Ela me olhou e prosseguiu:

– Agora, Senhor Exu Caveira, o que acontece é que ele está em fase de recuperação, sob os olhos do seu Mestre Mago Tutelar, há quase um século, refletindo lá onde se encontra. E já tem demonstrado querer equilibrar-se e fazer tudo o que for necessário para recuperar-se e voltar a trilhar o seu verdadeiro caminho.

Olhei para o Mago Yonah e perguntei:

– Por que ele não ficou sob a tutela do Mistério de Prisão e Reforma das Consciências?

– Simplesmente, Senhor Exu Caveira, porque foi dado a ele, indiretamente, mas ao seu Mestre Mago Tutelar diretamente, um presente. Esse Mestre, o Senhor Preto-Velho Pai Cipriano do Cruzeiro das Almas, tem demonstrado ao longo dos tempos um amor e dedicação ímpares ao seu tutelado. Antes de qualquer desígnio da Lei Maior e da Justiça Divina, demonstrou desejar uma severa punição, a fim de que houvesse uma real recuperação para o seu tutelado. E, percebendo a dedicação e a retidão desse Mestre, as instâncias espirituais maiores do Divino Trono da Evolução receberam uma irradiação do Senhor Obaluayê, pedindo que interviessem pelas vias humanas junto aos Tronos da Lei e da Justiça, solicitando que a punição deste seu filho ficasse sob a responsabilidade desse Mestre, que também é seu filho. Além disso, o Senhor Obaluayê já havia feito esta solicitação diretamente, no lado Divino da Vida, aos seus irmãos Xangô e Ogum. E nosso Divino Pai Omolu, Senhor Caveira, acompanhou tudo de perto.

Falei:

– Então, Senhor Yonah, Senhora Alva, significa que esses dois protegidos do Divino Pai Omolu e do Mistério Exu Caveira estarão reencarnando em breve?

O Senhor Yonah disse:

– Exatamente. Porém, é preciso que saiba que ela foi capturada há pouco tempo e recolocada sob a tutela do Mistério de Prisão e Reforma das Consciências. Estava perambulando pelas trevas, aprontando algumas "traquinagens", até usando dos seus conhecimentos de magia.

Alva falou:

– Eles se reencontrarão na próxima encarnação, no Brasil, durante um período, para um acerto de contas... será um período curto, mas decisivo na vida de ambos, pois, a partir dele, passarão a ter um autoconhecimento maior.

Eu disse:

– Bem, já sei que os estudos que tenho feito acerca do Mistério de Prisão e Reforma das Consciências serão transmitidos ao plano material por ele (o menino que chamamos de Edgard). Mas, pelo que vejo, ele terá muito mais trabalho do que isso.

O Mago Yonah falou:

– Ele não servirá somente a um Orixá, Senhor Caveira! Servirá a muitos. Estará, na próxima encarnação, sob a tutela direta da Justiça Divina, pela atuação do Senhor Xangô da Calunga. Mas muitos guias espirituais estarão, sob a irradiação dos Sagrados Orixás, amparando-o, para que cumpra sua missão e retorne para o plano espiritual em uma condição mais elevada, como um mago servidor do Pai.

Falei:
— Bem, pelo que vejo, o mais prudente agora é visitarmos a tumba onde ela se encontra. Correto, Senhor Yonah?
— Corretíssimo, Senhor Exu Caveira! Alva o acompanhará.
Ela parou à minha frente, envolvendo-nos imediatamente em uma espiral eólica.
Chegamos à tumba de Lara (assim a chamaremos aqui), onde ela se encontrava amarrada ao caixão por grossos cordões pretos. De olhos arregalados, olhou-nos e nada falou.
Olhei para Alva e perguntei em tom baixo:
— Está ligada somente a um senhor do embaixo?
— Antes fosse, Senhor Exu Caveira! Essa aí encalacrou-se, com o passar dos tempos, com vários mistérios negativados do embaixo. Deve a muitos e, por consequência, está ligada a alguns domínios das trevas.
Olhei novamente para aquela infeliz.
Uma irradiação intuitiva chegou a mim naquele momento. Olhei para Alva e falei:
— Senhora Alva, comunique ao Senhor Yonah o seguinte: o Divino Pai Omolu quer que eu tome a frente da guarda desta mulher à Esquerda, a partir de agora, até o final da sua próxima encarnação. Se, de algum modo, o lado cósmico do Sétimo Sentido da Vida e, por consequência, o Mistério Exu Caveira já se faziam presentes na sua vida há alguns séculos, a partir de agora (é um desejo do Pai Omolu) estaremos à frente da sua Esquerda, cuidando de perto do polo negativo dessa menina.
— Se é um desejo do Senhor Maior da Vida, que assim seja, caro Guardião!
Ela, parada, amarrada ao caixão, parecia entender tudo o que se passava e nada falava.
Aproximei-me dela e falei:

– Lara, minha menina, você precisa trabalhar seu mental positivamente para sair logo daí.

Ao contrário de outros, que naquela situação berravam, esbravejavam, ela nada falou. E, mentalmente, respondeu-me:

– Senhor Guardião, eu preciso acertar contas com aquele desgraçado que aqui me colocou. Com ele e com muitos outros.

– Menina, você, enquanto alimentar este tipo de sentimento, se manterá presa ao caixão. Pense em tudo o que já passou, lembre-se de que acabou presa aqui, novamente, por ter reincidido em erros do passado.

Lágrimas começaram a correr por sua face. E, ainda mentalmente, ela disse:

– A única coisa que eu tentei foi ser feliz. Eu queria ter e dar amor, queria uma vida tranquila...

Alva interrompeu-a:

– E usou de baixas magias para conseguir o que queria, especialmente nas últimas encarnações, não é mesmo?

Ela nada falou e passou a chorar copiosamente.

Alva mantinha-se severa com aquela mulher. Ancestralizadas da Divina Mãe Iansã, já haviam protagonizado um encontro na carne, em que as recordações não eram (para Alva) muito doces.

Olhei para Alva e falei:

– Você, como maga e guardiã de um mistério como o de Prisão e Reforma das Consciências, não deve agir desta forma, sintonizando seu mental com sentimentos baixos. Eu recuperarei esta menina. Ela agora está sob a minha tutela e não permitirei que usem do passado dela contra a sua evolução.

Alva abaixou a cabeça, entristecida, e falou:

– Perdoe-me, Senhor Exu Caveira!

Falei:

– Vamos embora, sra. Alva!

Lara ficou ali, chorando. Alva envolveu-nos na espiral eólica e volitamos para o campo-santo.

Sentado à pedra, à meia-noite, naquele cemitério, passei a refletir sobre a nova tarefa. Eu precisava ajudar aquela menina. Também precisava ajudar o menino, mas ele estava cercado e bem amparado por mistérios que o preparavam, naquele momento, para a sua próxima encarnação.

Devidamente autorizado, pois passara a ser o Guardião à frente da sua Esquerda, sob irradiação do Divino Omolu, projetei meu mental até o dela, "invadindo-o".

Minha intenção, naquele momento, era viajar mentalmente pelo passado daquela mulher e compreender o que, realmente, levou-a àquela condição.

Pude ver várias encarnações tumultuadas. Tratava-se de uma pessoa talhada pelo sofrimento.

Invariavelmente, ou ao menos na maioria dos casos, encerrava suas passagens pelo plano material de forma trágica. Ora com doenças não diagnosticadas pelos médicos, ora assassinada ou vítima de emboscadas.

Chamou-me atenção uma encarnação em que não convivera com Edgard, por volta de 1234 d.C., em que desencarnou perseguida por homens a cavalo que a caçavam e, encontrando-a, deram fim à sua vida. Ela, àquela época, na Itália, era tida como uma bruxa perigosa e inimiga mortal da sociedade local.

Pude ver também, em uma encarnação, por volta de 350 a.C., na qual ela e Edgard, vivendo no Egito, protagonizaram uma bela história de amor até dado momento, quando o "jogo" virou, e passaram, mais uma vez, à condição de inimigos mortais.

O mais curioso que pude perceber em minhas visões é que na encarnação em que tudo deveria ficar bem entre eles, no século XVIII, na Inglaterra, por conta das amarguras acumuladas por Lara ao longo dos tempos (era uma mulher que parecia saber e lembrar de tudo o que já havia passado) e da falta de coragem e de vontade de Edgard em enfrentar a sociedade, abandonar seu *status*, para viver seu amor, acabaram mais uma vez tendo um fim trágico.

Porém, ainda assim, ela, ao longo dos tempos, foi acumulando desafetos e ligando-se, passo a passo em sua jornada, a domínios do embaixo.

Há alguns domínios inimigos que a disputam ferrenhamente (até hoje), pois têm nela uma peça valiosa. Afinal, trata-se de uma bruxa antiga, talhada, com um grande poder mental e que, colocada a serviço das trevas, pode causar muitos estragos em prol da ignorância humana.

Desequilíbrios que, acumulados, a transformaram em um ser por demais endividado com as trevas humanas e disputadíssima por muitos senhores da ignorância.

De qualquer modo, nunca, nenhum desafio pareceu impossível para Exu Caveira. E não seria este que se tornaria o primeiro.

Pensei: "Vou pegar esta menina nos braços, protegê-la com minha capa e meu cetro e conduzi-la para o caminho reto da evolução".

Porém, sendo aquele um caso de desequilíbrio, muito mais do que amparo do Sétimo Sentido, o da Geração e da Vida, eu necessitaria de amparo do Quarto Sentido da Vida, o da Justiça.

Então, pensei em procurar um velho amigo, Guardião servidor do Divino Senhor Xangô.

E assim o fiz, mas isto relatarei na segunda parte desta história, a seguir.

Amor, Magia e Conflitos – Parte 2

Aquele lugar onde eu penetrara, obviamente autorizado, era tomado por um calor que você, caro leitor, não pode imaginar ou conceber.

Era como se eu tivesse adentrado em uma caverna toda formada por rochas ígneas. Você consegue imaginar isto?

Encontrava-me em um domínio do polo negativo do Sagrado Senhor Xangô, na dimensão humana da vida neste nosso planeta.

O Senhor Exu Brasa aguardava-me, sentado ao seu trono, sorridente. Falou:

– É um prazer enorme recebê-lo em meus domínios, Senhor Exu Caveira! Só não perguntarei o que deseja, porque já sei o que o movimentou até aqui.

– Então, nosso diálogo já está iniciado, Senhor Exu Brasa?

– Tenha certeza que sim, caro Guardião Cósmico do Sétimo Sentido da Vida!

Fiquei aguardando que ele falasse algo. Percebendo que eu não iniciaria a conversa, ele disse:

– Bem, caro Guardião, sei que o senhor está aqui porque necessita de informações acerca do que a justiça designou para aquela sua tutelada, não é mesmo?

– Exatamente, Senhor Exu Brasa!

– O Sagrado Pai Xangô achou por bem que ela esteja amparada, também, pelo nosso Mistério, Senhor Exu Caveira.

– E como se dará este amparo, caro Guardião Cósmico do Quarto Sentido da Vida?

– De forma simples, porém muito eficaz. Perceba, Exu Brasa não será o Guardião de trabalho dela, não mobilizaremos nossas hierarquias para acompanhá-la no dia a dia. Isto, posso lhe garantir, ficou acertado entre o Divino Pai Xangô e o Senhor Omolu. Porém, será a partir do nosso Mistério que ela será "balanceada", Senhor Exu Caveira. Ou seja, o Mistério Exu Brasa receberá sempre, do senhor, o relatório de todos os passos dela. Então, como nas hierarquias do Amado Pai Xangô, tudo é colocado na balança, nós, daqui, ditaremos a sentença dela. Nós decidiremos, a cada sete anos, Senhor Exu Caveira, o rumo que permitiremos que ela trilhe durante o próximo período de sete anos enquanto viver no plano material. E a soma disso tudo definirá a sentença final, aquela que será dada alguns instantes antes do seu desencarne.

Perceba, caro leitor, quando esse Exu fala na sentença final dada instantes antes do desencarne, que a Justiça de Deus é puro amor. Até mesmo, alguns minutos ou segundos antes da morte, o ser humano pode arrepender-se dos seus erros e, em um pedido de misericórdia, ter, ao menos, atenuada sua sentença final (caso ela seja daquelas bem medonhas!).

Desejo que absorva esta informação e coloque-a em suas reflexões.

Voltando ao momento do meu encontro com aquele Guardião da Justiça.

Falei:

– Compreendo perfeitamente, Senhor Exu Brasa. E, sendo uma decisão conjunta do Divino Senhor Xangô e do meu Amado Pai Omolu, acato neste momento. E digo: assim é e assim será durante toda a caminhada desta menina no plano material.

Despedi-me daquele Guardião e saí dali refletindo muito.

Eu havia assumido o compromisso de estudar a fundo o Mistério de Prisão e Reforma das Consciências, a fim de preparar o material para esta obra que você lê agora. Porém, no meio do caminho, via-me envolvido pessoalmente com a guarda de uma mulher "atolada" em dívidas com a Lei.

Já sentado à pedra, no campo-santo, refletia sobre minhas incumbências, quando, em uma irradiação mental, percebi uma presença divina à minha frente.

Imediatamente levantei a cabeça. Pai Omolu encontrava-se ali, olhando-me, com seu olhar "seco" e cheio de ternura. Com seu alfanje à mão esquerda, carregava uma lanterna na mão direita.

Encurvado, olhava-me, todo revestido em palha na cabeça e nas costas. Em seu peito, uma cruz preta e branca indicava sua atuação no Mistério do Cruzeiro das Almas. À sua volta, uma luz roxa desenhava sua silhueta.

Imediatamente, ajoelhei-me aos seus pés. E, mentalmente, ele me falou:

– Meu filho leal e fiel, vejo que você vem compreendendo bem os motivos, causas e consequências deste Mistério de Prisão e Reforma das Consciências que se encontra sob a minha irradiação. Por isso, meu filho e Guardião, muito além do estudo para um posterior esclarecimento aos amados filhos humanos, trago, neste momento, a você também a tarefa de cuidar de todos aqueles que sejam reincidentes em seus erros e tenham, de algum modo, voltado à prisão em suas tumbas. Todo aquele que retornar estará ligado direta e automaticamente ao Mistério Humano Exu Caveira

Quando quis agradecer e louvá-lo, já havia desaparecido. Imediatamente apareceu à minha frente nosso hierarca maior, o Senhor Tatá Caveira.

Curvei-me diante dele, que imediatamente falou:

– Não há necessidade disso, Exu Caveira. Apenas olhe nos meus olhos e me escute.

Fiz o que ordenou. Ele falou:

– Você já sabe qual o desejo do Divino Pai Omolu. E sabe que um desejo dele é uma manifestação de um desejo de Olorum no lado cósmico do Sétimo Sentido da Vida. Portanto, Exu Caveira, ordeno que você tenha muita atenção, mas também muita cautela na proteção de todos esses que lhe serão destinados. Não deixe sua emoção humana tomar conta do trabalho. Não permita, jamais, que o sentimentalismo dos seus tutelados invada o seu coração e, por conta disso, você se negativize e também ao seu tutelado. Estou aqui, neste momento, para alertá-lo e pedir que tenha muita atenção.

– Assim será, meu senhor!

Ele volitou daquele lugar. Fiquei ali, parado, refletindo sobre tudo o que estava acontecendo. E tinha uma certeza em meu íntimo: não falharia jamais, especialmente na missão que me era dada para a proteção de Lara.

Após uma conexão mental com o Mago Yonah, recebi dele autorização para visitar a tumba onde ela se encontrava. Em razão do desafeto dela com Alva, achei prudente ir sozinho naquela oportunidade.

Encontrava-me à sua frente, na tumba. Ela dormia. Projetava seu mental, como em um sonho, à busca dos seus inimigos. Tentava encontrar Edgard. Porém, naquele momento (estávamos no ano 1961 d.C.), ele, amparado por seu Mestre, já tendo sua trama de guias espirituais que o acompanhariam na próxima jornada entre os encarnados e preparando-se no campo-santo, para que reencarnasse munido de mistérios que o defenderiam das perseguições, encontrava-se, desta forma, "blindado". E as projeções mentais de Lara, por mais que fossem acima da média para um espírito que se encontrava naquela situação, não possuíam condição alguma de ultrapassar a barreira formada pelos Mistérios Humanos e Divinos que o amparavam naquele momento.

Após certo tempo, acordou e assustou-se inicialmente com a minha presença. Em seguida, ficou me olhando, com seus olhos caçadores, tentando entender o que eu fazia ali naquele momento. Mas não ousou perguntar-me algo ou dirigir-me a palavra

Dirigi-me a ela, da forma mais terna que podia e conseguia naquele momento:

– Lara, minha menina, vim aqui para conversar e gostaria que você ouvisse com atenção tudo o que tenho para lhe dizer.

Ela nada falou; apenas sacudiu a cabeça afirmativamente.

Então, com a voz embargada, emocionado, comecei a falar:

– Você se jogou com muita intensidade ao polo negativo da Criação de Deus. Por isso tem, nos últimos tempos, alternado suas encarnações conturbadas com períodos nas faixas vibratórias negativas. Porém, Lara, estar presa a este Mistério em que você se encontra neste momento tem como objetivo levá-la a uma reflexão profunda, fazendo voltar-se para o seu íntimo e, por vontade própria, que venha a reformar sua consciência e desentortar sua caminhada. Porque, você queira ou não, não há outro caminho a ser seguido. Mais cedo ou mais tarde se aperceberá disso. Então, por que não mudar tudo agora?

Com os olhos lacrimejados, ela me olhava. Sentia ali, naquele momento, que ela me compreendia, mas não possuía ainda forças para, sozinha, recomeçar. E, talvez por isso, eu tivesse sido designado pelo Divino Omolu para cuidar da guarda dela.

No grau consciencial em que se encontrava, necessitava de uma guarda severa à Esquerda, ou, rapidamente, poderia colocar tudo a perder novamente.

Continuei falando a ela:

– Você está sob os olhos dos Divinos Orixás. A Justiça de Deus e Sua Lei estarão amparando-a o tempo todo, mas, ao mesmo tempo, vigiando-a. Você deverá reencarnar em breve...

Ela sacudiu a cabeça negativamente. E começou a falar, em tom alto:

– Eu não quero reencarnar, em hipótese alguma! Vocês precisam me ouvir. Simplesmente, aqui aparecem, falam o que querem, não perguntam como estou me sentindo e o que quero para mim.

– Não perguntamos, Lara, porque sabemos como se sente. Porém, deixar você trilhar o caminho da forma equivocada que tem trilhado é permitir que você se afunde ainda mais. Isto pode levá-la a consequências ainda não imaginadas por você. Se o Mistério de Prisão e Reforma das Consciências concluir que você não se recuperará aqui em hipótese alguma, enviá-la-á para faixas vibratórias ainda mais densas e negativas. E, rapidamente, minha menina, você poderá estar abaixo da quarta faixa, bestializada, animalizada!

Por alguns instantes ela refletiu sobre o que ouviu de mim. Pude perceber, naquele instante, que minhas palavras tocaram seu íntimo.

Ela olhou para mim e falou:

– Está bem. Diga-me o que preciso fazer para sair daqui e viver melhor. Mas eu quero acertar minhas contas com Edgard.

– Esse menino também é protegido pelo Mistério Exu Caveira. E você o reencontrará, sim, na próxima encarnação, mas é preciso que saiba: tudo se dará dentro dos ditames da Lei.

Ela ouviu em silêncio e assim permaneceu.

Falei para ela:

– Vou embora agora. Assim que o Divino Pai Omolu determinar, voltarei para tirá-la daqui e encaminhá-la para as etapas seguintes.

– Quais etapas?

– Você saberá, em breve.

Soltei uma sonora gargalhada, girei meu cetro no ar, com a mão esquerda, no sentido anti-horário, e desapareci dali.

Conversava com o Mago Yonah. Alva acompanhava o diálogo.

– Senhor Exu Caveira, os Sagrados Orixás decidiram retirar Lara da tutela do nosso Mistério e encaminhá-la para a encarnação. Diga à sua tutelada, Senhor Guardião, que esta será a sua última chance. Não tolerarão, os Divinos Orixás, mais erros como os do passado recente... e outros também, ao longo dos tempos. Deverá agora se endireitar e servir a Deus como é designado a um filho seu com "mãos para magia".

– Compreendo perfeitamente, Senhor Yonah! E farei de tudo para que ela siga o caminho correto.

– Perfeitamente! Alva o acompanhará, a partir de agora, até que o processo de adormecimento desse espírito para a reencarnação (quando será entregue aos Senhores da Evolução – Divina Mãe Nanã Buruquê e Divino Pai Obaluayê) se iniciar.

Olhou para Alva e falou:

– Você compreendeu bem quais as suas atribuições neste caso? Saiba que não tolerarei envolvimentos pessoais.

– Compreendi perfeitamente, Mestre Amado! Não o decepcionarei.

Ela parou à minha frente, envolvendo-nos na espiral eólica.

Próximo à pedra, no campo-santo, conversávamos acerca do que faríamos dali para a frente.

Ela falou:

– Eu sei que devo ser neutra e imparcial, Senhor Exu Caveira, mas fica impossível neste caso. Essa mulher me prejudicou por demais!

– Sra. Alva, se se deixar levar pela emoção, pura e simplesmente, seu trabalho como Maga Guardiã de um mistério tão importante quanto este a que serve será prejudicado. Sem contar ainda, que corre o sério risco de regredir... e creio que não queira mais isto daqui para a frente, não é mesmo?

– Com certeza não, senhor Guardião. E é isto que segura meu ímpeto, minha vontade de acabar com aquela mulher.

Na encarnação em que conviveram, Lara e Alva foram, até dado momento, muito amigas. Porém, Lara acabou traindo sua amizade quando manteve um relacionamento às escuras com o homem que era, à época, marido de Alva.

E eu, naquele tempo, marido de Alva, não pude resistir nem, muito menos, medir as consequências daquele ato.

Lara ainda não havia ligado as peças, pois não me reconhecera.

E agora o caro leitor pode entender, um pouco ao menos, o motivo que fez com que os Sagrados Orixás me colocassem como seu Guardião à Esquerda, por que toda a minha emoção ao me aproximar dela, por que Alva estava novamente no meu caminho, trabalhando ao meu lado; e, naquele caso específico, o triângulo do reencontro acontecia para reequilibrar nossas almas, nossos mentais, mas fundamentalmente nossas dívidas mútuas.

Alva olhou-me e, calmamente, perguntou:

– O que faremos agora, Senhor Exu Caveira?

– Já foi determinado pelos Sagrados Orixás que ela seja solta e encaminhada à preparação para a sua próxima encarnação. Seguindo as ordens do seu Mestre, assim que o processo reencarnatório em si iniciar, você deixa de ter incumbências neste caso. Eu, pessoalmente, cuidarei de tudo. Estarei à frente de toda a preparação dela para a reencarnação. Ela não pode, em hipótese alguma, estagnar-se ou regredir. Terá de andar para a frente. E eu a protegerei com unhas e dentes.

Alva sorriu. Falei:

– E, quando ela retornar, teremos tudo superado e poderemos até, quem sabe, trabalhar juntos na recuperação de outros irmãos. O que acha disso, Senhora Alva?

– Sinceramente, quero, um dia, gostar dessa ideia, Senhor Guardião.

– Faça um esforço, direcione sua mente para o alto, minha senhora!

Ela abaixou a cabeça e, quase sussurrando, falou:

– É, vou tentar.

Alva envolveu-nos na espiral eólica e em uma fração de segundos já nos encontrávamos na tumba de Lara.

Tomei a frente e falei:

— Lara, viemos buscá-la! O seu processo de preparação consciencial para a reencarnação se iniciará tão logo saiamos daqui.

Alva disse:

— Saiba, mulher, que esta é a sua última chance...

Lara a interrompeu e, com cara de poucos amigos, falou:

— Eu já sei, meu Guardião me contou tudo quando aqui esteve pela última vez. Não preciso que repita novamente.

Alva falou:

— Você realmente não muda. Essa sua arrogância vai levá-la à bancarrota.

— Eu não preciso das suas observações, tenho um Guardião que cuida de mim.

Gritei:

— Basta!!!!!!!

E prossegui, falando calmamente:

— Não chegamos até aqui para agirmos como crianças inconsequentes. É preciso que tenhamos discernimento e não sejamos ridículos.

Lara ouvia tudo em silêncio. Alva também, porém de cabeça baixa.

Prossegui:

— Você, Lara, cale-se e acalme-se. Não está em condições de discutir com quem quer que seja! E a senhora, Alva, por favor, coloque-se no seu lugar, como guardiã de um Mistério irradiado pelo lado Cósmico do Sétimo Sentido da Vida e amparado pela Lei Maior!

Parei de falar, olhei para ambas. Prossegui:

— Sra. Alva, sei que tem em seu poder as "chaves" que libertarão Lara. Por favor, ative-as!

Alva ergueu sua mão esquerda para o alto, projetando uma onda vibratória gigante, de cor amarela, que mais parecia uma navalha.

Aquela "navalha da Lei" foi projetada até os cordões pretos que prendiam Lara ao caixão e cortou-os, até que minha tutelada se viu livre. Porém, não conseguindo sair do caixão, falou:

– Já me desamarraram, mas ainda me sinto colada a este buraco imundo!

Alva falou:

– Acalme-se, mulher, tudo é muito simples para mim, por mais que possa parecer complicado para você!

Senti, naquela fala de Alva, uma certa ironia.

Ela levantou sua mão direita para o alto, projetando ondas vibratórias amarelas em forma de espiral, e falou:

– Agora, mulher, você terá o movimento que necessita para sair daí.

As ondas vibratórias foram projetadas até o caixão, envolvendo Lara. Assim que as ondas dali desapareceram, ela começou a mover braços e pernas.

Alegre, como uma criança, ria, gargalhava, chorava, ao mesmo tempo, e falava em voz alta:

– Eu estou livre! Eu sou livre! Sempre fui livre!

Alva, com olhar reprovador, sacudia a cabeça negativamente, olhando para ela.

Eu, feliz, aproximei-me, estendi minha mão direita e falei:

– Venha, minha menina, vamos caminhar agora para uma nova etapa da sua jornada.

Ela pegou na minha mão e eu a levantei. Movimentava-se ainda com dificuldade. Era como se estivesse reaprendendo a caminhar.

Alva aproximou-se, apoiando-a em seu ombro direito, enquanto eu a apoiava em meu ombro esquerdo.

Com uma determinação mental, aquela maga guardiã do Mistério de Prisão e Reforma das Consciências nos fez volitar até o campo-santo.

Lá, conversamos demoradamente.

Em dado momento, Lara olhou para Alva e falou:

– Não serei hipócrita, dizendo aqui que está tudo superado e resolvido entre nós. Mas, sinceramente, quero sim trabalhar para recuperar-me e superar tudo.

Alva sorriu e falou:

– O mais importante, mulher, é que agora, de uma vez por todas, você ande para a frente. Deixe o passado onde ele está. Foi esta compreensão equivocada que atravancou sua caminhada até agora.

Lara me olhou e perguntou:

– Onde ele está?

Referia-se a Edgard Mitrew (ou a Ramón Carreras, como preferir o caro leitor).

Respondi:

– Isso não importa agora, minha menina. Eu e muitos outros estamos cuidando dele também, para que reencarne bem e cumpra com o que quer Deus, nosso Pai. Para onde vamos, você reencontrará alguns dos "seus" e conhecerá novos que também serão "seus" a partir de agora. Eles me auxiliarão na sua preparação para o retorno à carne.

Ela nada falou, abaixando os olhos. Queria rever Edgard. Eu disse a ela:

– Você reencontrou com ele no domínio negativo onde se recuperava. E sei que esse encontro não foi nada amistoso. Para que isto agora?

– Eu preciso olhar nos olhos dele e acertar nossas contas.

– Você não promoverá nenhum acerto de contas. Este se dará na carne, dentro dos ditames da Lei Maior e da Justiça Divina. Já lhe disse isso!

– Entendo perfeitamente, meu Guardião!

Ela levantou a cabeça, olhou firme em meus olhos e disse:

– Então, que assim seja feito. Se tenho de reencarnar, vou reencarnar.

Eu disse a ela:

– As perseguições, por conta dos erros do passado, não cessarão com o seu reencarne, mas a preparação pela qual passará tem o intuito de fortalecê-la, para que não ceda a esses "ataques"... que não serão poucos.

Ela ficou me olhando e nada falou. Alva disse:

– Vamos, Senhor Guardião Cósmico do Sétimo Sentido da Vida? É chegada a hora de apresentarmos esta mulher ao trabalho de preparação.

– Imediatamente, Senhora Alva! – falei.

Eu, Alva e Lara nos aproximamos dando as mãos um ao outro, formando um triângulo humano. Alva projetou uma espiral eólica que nos levou ao ambiente onde se iniciaria a preparação reencarnatória de Lara.

E, assim, seguimos naquela missão que, até hoje, tenho como incumbência: cuidar desta menina que se encontra encarnada no Brasil, assim como de Edgard, que, encarnado no Brasil, segue sua jornada.

4º COMENTÁRIO

A Busca pelo Equilíbrio Deve Ser Incessante

Muitas vezes, os seres humanos, vendo-se às portas do desespero, não conseguem encontrar saídas paras os problemas criados por eles mesmos.

Então, o desequilíbrio toma conta do mental, transformando-o, quase sempre, em uma colmeia de obsessores e de energias negativas.

O equilíbrio deve ser conquistado pelo ser o tempo todo. E, nessa busca incessante, acaba tornando-se complicada a vida de muitos seres encarnados e até mesmo de alguns desencarnados. Porque, equivocadamente, direcionam-se para um "suposto" equilíbrio egoísta, ou seja, buscam em si, por si e para si.

É preciso, de uma vez por todas, antes que seja tarde demais, que as pessoas se apercebam que fazem parte da Criação. E, como peças fundamentais que são, devem cuidar de si e do Todo ao mesmo tempo.

Um carro não anda bem se seu motor estiver falhando, mas, se cuidar só do motor e esquecer-se do volante, ele não andará bem.

Está na hora de as pessoas atentarem para o seguinte: o seu equilíbrio é o equilíbrio da Criação, o equilíbrio na Criação é o seu equilíbrio.

Trabalhar constantemente para o crescimento do Todo é o que temos feito, incessantemente, nós, os guias espirituais.

Porém, as pessoas nos procuram nos centros de Umbanda e Quimbanda, sempre com a primeira pessoa do singular na ponta da língua: EU!

Aí, buscam suas satisfações pessoais que, muitas vezes, são banhadas e animadas pela vaidade e pela ilusão da matéria.

Quando não obtêm o sucesso almejado, culpam-nos ou aos templos religiosos a que procuraram.

Ora, não seria mais fácil buscar esse "equilíbrio" interior antes de procurar qualquer templo ou guia espiritual?

Atingindo o equilíbrio interior, naturalmente o manifestarão e poderão multiplicá-lo por toda a Criação à sua volta, não é mesmo?

Mas cá estou, Exu Caveira, batendo em uma tecla que, infelizmente, ainda não interessa muito à maioria das pessoas.

Como quem busca um peixe em uma árvore, buscam equilíbrio no dinheiro, em roupas, carros e outras ilusões mais.

Quando descobrirem que esse equilíbrio é interno e é, em realidade, a porção de Deus que os anima, mas que há muito está apagada em seu interior, espero, sinceramente, que já não seja tarde demais!

Não é tão complicado acessar esse equilíbrio interno. Comece com humildade, em seguida se avalie e, logo após, refaça a sua caminhada.

É o que tenho dito sempre, porém nem sempre me dão ouvidos.

A seguir, mais uma história de um ser que ficou preso à sua própria consciência por ter, descaradamente, desordenado a Lei à sua volta.

Conduzindo uma Jornada Evolutiva
– Parte 1

Até aqui, o caro leitor pôde conhecer histórias que, apesar das suas peculiaridades, têm em comum uma coisa: o equívoco cometido pelo ser humano durante a sua caminhada e que o acaba conduzindo a estradas pesadas, enlameadas, onde mal consegue mover suas pernas.

Se cada um dos casos aqui descritos tem uma via negativizadora diferente, todos têm em comum o mesmo ponto de chegada: o momento em que se deparam com suas consciências, presos ao caixão.

E, como cada ser é diferente do seu semelhante, muitas formas de reagir ocorreram e ocorrem neste sentido. O que descrevemos, e ainda descreveremos aqui, são histórias que escolhemos para simbolizar a negativização do ser humano nos sete Sentidos da Vida, porém há muito mais acontecendo neste momento.

O Mistério de Prisão e Reforma das Consciências, para aquele que até aqui chegou e continua considerando-o um absurdo, uma injustiça, falo mais uma vez: é, sim, uma bênção, pois paralisa espíritos que estão se afundando vertiginosamente em um poço que parece não ter fim.

O espírito que prossegue "livremente" nesta caminhada, tenha certeza, acaba chegando às mais baixas faixas vibratórias negativas (aquém da quarta), onde se bestializa, animaliza-se. Ainda não entendeu? Pois bem, serei mais claro: aqueles que a este estágio chegam, tornam-se espíritos humanos com formas monstruosas e animalescas.

E isto, garanto, desequilibra a Criação de Deus. Por isso, nosso trabalho incansável e incessante na busca e recuperação dos espíritos humanos já nas faixas vibratórias negativas. Essas quedas desequilibram o Todo e prejudicam a todos nós.

Até aqui, vimos histórias que se passaram no século XX, desde que me defrontei com a incumbência de estudar este Mistério para, posteriormente, transmiti-lo ao plano material.

Porém, o caso de Virgínia e Joe não foi o primeiro com o qual me deparei.

Já conheço o Mistério de Prisão e Reforma das Consciências há séculos. Obviamente, passei a compreendê-lo plenamente após o início dos estudos, mas, ainda assim, minha convivência com ele, até pela minha condição de Guardião Cósmico do Sétimo Sentido da Vida, servidor do Divino Omolu, vem de muito longe.

E a história que relatarei agora ocorreu no século XVII.

Edgard, já citado na história anterior como amor e desafeto de Lara (amor nos reencontros e desafetos no decorrer das caminhadas), em várias encarnações, no ano 1690 d.C., encontrava-se preso ao caixão.

Havia desencarnado na Escócia, onde vivera aquela última experiência na carne.

O nome que estamos atribuindo a ele é aquele com que seria batizado na encarnação seguinte. Mas, para os descrentes e as línguas venenosas, deixarei aqui registrado seu nome na encarnação escocesa do século XVII: Hamilton (com pronúncia em inglês, caro leitor).

Pois bem, Hamilton, que chamaremos a partir de agora somente de Edgard, havia sido um militar, fazendeiro e "bruxo" durante aquela encarnação.

Possuía um prestígio muito grande na localidade onde vivia, assim como influência por toda a Escócia e Reino Unido.

Usou desse pseudopoder (falo isto porque, todos sabemos, só Deus é poderoso, mais ninguém) em benefício próprio, angariando bens de forma ilícita e, até mesmo, retirando algumas pessoas do seu caminho. Trocando em miúdos: mandava matá-las.

Divertia-se com toda essa panaceia que promovia, sempre incentivado por espíritos de baixa vibração.

Já sofria, na época, perseguições espirituais oriundas de desafetos em outras experiências na carne e, até mesmo, nas faixas vibratórias negativas, por onde havia "passeado" pela primeira vez, antes daquela encarnação na Escócia.

Nesta encarnação, que o levou à prisão no caixão, extrapolou limites como nunca antes, a ponto de receber dos Divinos Tronos (os Sagrados Orixás) um ultimato para a sua recuperação. Só não lhe foi designada uma sentença radical, por interferência, em primeiro lugar, da Misericórdia Divina. Mas as interferências diretas do seu Orixá Ancestral e do seu Mestre Mago Tutelar foram decisivas para que ele ainda recebesse mais algumas chances.

Seu Mestre Mago Tutelar, que conhecemos como o Preto-Velho Pai Cipriano do Cruzeiro das Almas, foi durante muito tempo (e ainda é) seu "fiador" para a continuidade na caminhada reencarnatória rumo à Luz.

Não fosse ele, esse sujeito já estaria preso em definitivo a um domínio abaixo da quarta faixa negativa; ou já vitimado por uma sentença mais radical, transformado em ovoide (quando a Lei, não vendo mais saída para um ser, o reduz à sua "essência" original, em que perde a consciência de quem é e volta a evoluir do início. Imagine se você recebesse a sentença de voltar a ser um recém-nascido. É assim que ocorre).

Trancafiado na tumba, Edgard não compreendia o que o levara até aquela condição.

A distância, seu Mestre Mago Tutelar, àquela época, o monitorava e emitia vibrações mentais que o permitiam rever, relembrar cenas da sua última vida e também de vidas anteriores.

Certa feita, recebeu uma visita pessoal do Mago Yonah.

À frente dele, o Senhor Guardião do Mistério de Prisão e Reforma das Consciências foi logo falando:

– Meu senhor, para todos nós, saiba, não é nada bom tê-lo aqui, porque vinha trilhando um caminho de prosperidade espiritual até entregar-se completamente à vaidade, à sustentação do seu ego. Isto, é preciso que saiba, desestabilizou muitos espíritos que estavam à sua volta. A sua queda também foi a queda de espíritos que "apostaram" no senhor. Que fique claro agora, meu senhor, alguns de seus antigos protetores, infelizmente, atingiram uma compreensão rasa da evolução e, a partir de agora, são seus perseguidores. Portanto, é mais do que necessário neste momento que se reveja, repense suas atitudes e se refortaleça aqui. Pois, neste momento, estando aqui, está protegido dos ataques destes e dos senhores do embaixo com os quais assumiu compromissos.

– Meu mestre já tem conversado comigo e me esclarecido alguns pontos, meu senhor.

– Eu sei disso, mas saiba que o plano para você é só sair daqui, desta vez, para o reencarne.

– Eu não quero ficar aqui!

– Converse mentalmente com seu Mestre Mago Tutelar, consulte-o. Ele lhe passará a sentença designada pelos Sagrados Tronos.

– E também eu...

O Mago Yonah interrompeu-o e falou:

– Nada do que disser agora, meu senhor, contribuirá para o processo. A sentença já está ditada e o senhor só tem duas escolhas: cumpri-la ou cair ainda mais.

Ele ficou em silêncio. O desespero era notório em seu semblante.

Logo em seguida, no salão, conversávamos eu, Mago Yonah e Alva.

O Guardião daquele mistério falou:

– Este homem, senhor Exu Caveira, na última encarnação, abusou demais da sorte. Conseguiu ganhar muito dinheiro, de forma ilícita até. E usou disso para obter mais daquilo que chamam no plano material de poder, mas que não passa, na verdade, de uma cela aprisionadora da consciência humana.

Alva falou:

– Além do mais, meus senhores, usou disso para possuir várias mulheres. Mentiu, invariavelmente, para todas. Prometia os "céus", mas, em pouco tempo, transformava suas vidas em um verdadeiro "inferno".

Questionei:

– O que devemos fazer, então?

O Mago Yonah respondeu:

– A sentença dos Sagrados Orixás já foi emitida. O Divino Trono da Evolução, em seu polo negativo, regido pela Sagrada Mãe Nanã Buruquê, cuidará diretamente dele na próxima encarnação. Mas os olhos da Lei estarão sobre ele, por intermédio de um Guardião do Divino Ogum, que o acompanhará o tempo todo e, caso volte a reincidir nos erros, será punido com rigor por aquele que estará ao seu lado direito.

Ele me olhou no fundo dos olhos e prosseguiu:

– O senhor, Guardião Exu Caveira, estará à frente da sua Esquerda, como o "representante" humano do Pai Omolu, que é há algum tempo seu Orixá à Esquerda, e por muito tempo ainda será. Porém, saiba, se estará sob irradiação de nosso Divino Senhor da Vida, deverá responder, em tudo, ao Guardião do Senhor Ogum, que o acompanhará à Direita.

– Compreendido, Senhor Yonah. E assim será!

O Mago Yonah prosseguiu:

– Mas devemos estar atentos para algumas questões, Senhor Exu Caveira. Principalmente, no que se refere às perseguições que ele sofrerá. Pois, hoje, é um alvo fácil para esses espíritos baixos que com ele querem acabar. Reencarnará na Inglaterra, em uma família nobre, terá boas condições financeiras e será bem educado. Mas o senhor sabe muito bem, tudo isso pode se virar contra ele, caso não atinja a compreensão de que deve usar de tudo o que receberá em prol do auxílio aos seus irmãos mais necessitados e menos esclarecidos.

Uma voz, às minhas costas, falou:

– Esta tem sido a missão dele, que infelizmente não vem compreendendo, ao longo dos tempos. Servir a Deus, estendendo a mão aos irmãos mais necessitados e menos esclarecidos. O Conhecimento está na sua caminhada desde sempre, mas ele o tem adquirido e guardado para si... isto, quando não o usa em benefício da sua consciência mesquinha.

Alva e eu olhamos para trás e avistamos um velho amigo.

Falei:

– Mestre Mago Rhady, que bom vê-lo novamente!

Ele sorriu, retribuindo-me. O Mago Yonah falou:

– Senhor Rhady, é muito bom tê-lo aqui! Precisamos definir como se dará, daqui para a frente, o processo evolutivo do seu tutelado.

– Perfeitamente, estou aqui para isso – respondeu o Mestre Mago Tutelar de Edgard.

Alva falou:

– Meus senhores, recebo agora uma irradiação intuitiva da minha Mãe Iansã das Almas. Ela diz que já temos aqui um representante da Vida e da Lei, Mestre Yonah; um representante da Vida e do Amor, Senhor Exu Caveira; e um representante da Evolução, da Justiça e da Vida, Mestre Rhady. Além de mim, que estou aqui como filha cósmica da Lei, da Justiça e da Vida. E que nosso diálogo está amparado e assistido pelo Setenário Sagrado. Os Senhores e Senhoras Orixás nos irradiam neste momento. Se a sentença já está dada por eles, a forma de aplicação e a organização dos passos a serem seguidos, por nós serão decididos e, dessa forma, deverão ser executadas.

Mestre Mago Rhady falou:

– Com sua permissão, Senhor Yonah, gostaria de sugerir algo...

– Pode prosseguir, Senhor Rhady...

– Esta preparação pré-reencarnatória do meu menino, segundo minha visão, deve dar-se sob nossos olhos, sim, e também do Senhor Guardião do Amado Pai Ogum, que o guiará na próxima etapa como encarnado, mas em um domínio cósmico da Evolução, sob os olhos da Divina Mãe Nanã Buruquê; afinal, ela será seu Orixá de Frente na próxima vida.

– É prudente sua observação, Mestre Mago Rhady. O senhor, como Guardião à Esquerda desse espírito, o que tem a dizer, Senhor Exu Caveira?

– Concordo com o Mestre Mago Rhady, Senhor Yonah! Sendo ele um ancestralizado da Evolução, filho do Divino Obaluayê, creio que estará "em casa", sendo preparado no polo negativo da sua ancestralidade.

O Mago Yonah falou:

– Parece, então, que temos um consenso neste sentido. Quanto ao tempo de preparação, a sentença fala em dez anos. Então, nós o teremos por esse período nos domínios da Divina Mãe Nanã Buruquê.

Mestre Rhady falou:

– Perfeitamente, Senhor Yonah!

Alva observava a tudo e nada falava, como se anotasse o que era decidido naquela reunião.

Mago Rhady retirou-se. Ficou ali decidido que nos encontraríamos em breve para a transferência de Edgard do Mistério de Prisão e Reforma das Consciências para um domínio cósmico da Evolução.

Se o caro leitor estranhar o fato de eu ter citado, no início deste capítulo, o Preto-Velho Pai Cipriano do Cruzeiro das Almas como Mestre Mago Tutelar de Edgard e, depois, aparecer como seu Mestre o Senhor Mago Rhady, saiba, estamos falando do mesmo espírito.

Os mistérios espirituais (falanges de Pretos-Velhos, Caboclos, Exus, etc.) são nomes simbólicos (ordens no astral), formados, invariavelmente, por espíritos de magos já talhados nas lidas magísticas e espirituais.

Isto serve para mim e para todos que aparecem, plasmados nessas formas, nos terreiros de Umbanda e Quimbanda.

Então, para que haja uma real compreensão: Mestre Mago Rhady é, há muito, o Mestre Mago Tutelar de Edgard, porém, nos últimos séculos, atua também plasmado e sob a irradiação do Mistério Espiritual Humano Pai Cipriano do Cruzeiro das Almas.

Após aquela decisão, retornei à pedra, no campo-santo, e lá me pus a meditar.

Naquela época, ainda não possuía uma compreensão profunda acerca do Mistério de Prisão e Reforma das Consciências. Por isso, ainda surgiam algumas dúvidas que me faziam questionar tudo o que ocorria com os espíritos que ficavam sob a sua tutela.

Não demorou para que chegasse uma agradável companhia.

– Amigo Rhady, é bom tê-lo aqui!

– Sua companhia é sempre muito agradável, irmão Exu Caveira!

– Eu já o aguardava, Rhady. Esta nossa conversa é mais do que necessária neste momento.

– Eu sei disso, meu irmão!

Prossegui:

– Irmão Rhady, o Mistério Exu Caveira, sob a irradiação do Pai Omolu, tem zelado por aqueles filhos humanos de Deus que estão sob sua proteção. Então, quem está com o Pai Omolu está com Exu Caveira, quem está com Exu Caveira está com Pai Omolu. O senhor sabe, o seu tutelado, um filho do Pai Obaluayê, sendo um ser imantado pelo Mistério do Cruzeiro das Almas, ao natural, manifesta o Divino Obaluayê em seu mental e o Divino Omolu à sua Esquerda.

Mago Rhady falou:

– Perfeitamente, irmão Exu Caveira!

Prossegui:

– Porém, nos últimos três séculos, essa proteção por parte do Pai Omolu e do Mistério Exu Caveira passou a ser mais intensa. Trata-se de um mago que vem se negativizando cada vez mais. E isto preocupa ao Pai Omolu, como a todos nós. Não podemos perder esse irmão e precisamos fazê-lo retornar às fileiras do Exército de Deus.

Mestre Rhady ficou olhando-me atentamente. Continuei:

– Por isso, Mestre Rhady, preciso informar-lhe que recebi um desígnio do Pai Omolu, que me coloca à Esquerda do seu tutelado. E, por isso, preciso que saiba, estarei sempre acompanhando a jornada deste menino e trabalhando pela sua evolução.

– Já tinha noção disso e sinto-me honrado por tê-lo ao nosso lado, irmão Exu Caveira! Saiba que todos atuaremos para a recuperação dele e, se Deus quiser, em breve, estará trabalhando ao nosso lado.

– Assim será, Senhor Rhady!

O Mestre Mago Tutelar de Edgard falou:

– Daqui a sete luas, na primeira noite de lua cheia, nos reuniremos para retirá-lo daquela tumba, Senhor Caveira!

– Assim faremos, Mestre Rhady!

– Despeço-me agora, pois tenho outros afazeres.

– Vá em paz, irmão Rhady!

Aquele Mestre Mago Tutelar desapareceu da minha frente. Eu estava feliz por ter mais uma incumbência, trabalharia em prol da recuperação de mais um irmão humano. E isso, para um Guardião da Vida, é um combustível, além de sustentador, animador.

Edgard, em sua última encarnação, havia passado dos limites no descumprimento da Lei. Exacerbou, desordenando tudo à sua volta.

Onde "tocava", instaurava a desordem. Impunha sua vontade, manifestando sua vaidade, sustentando seu ego e anulando, muitas vezes, vidas à sua volta; não somente mandando matar pessoas, mas não permitindo que algumas seguissem suas sendas com suas próprias pernas.

Por isso, a partir dali, tinha os olhos da Lei sobre si, pois qualquer tropeço o levaria a uma sentença não muito desejada pelos humanos, que, aliás, só pensam nas sentenças após recebê-las. Recebam minha gargalhada; afinal, sou Exu Caveira!

A segunda parte desta história de desordenação total dos sentidos vem a seguir.

Conduzindo uma Jornada Evolutiva
– Parte 2

Sete luas se passaram e, sob a emanação da lua cheia, naquela noite, encontrávamo-nos próximos à pedra, no campo-santo, eu, Alva e Mestre Rhady.

Dali, partiríamos para a tumba de Edgard, a fim de "desamarrá-lo", libertando-o do Mistério de Prisão e Reforma das Consciências e levando-o para a preparação pré-reencarnatória.

Alva nos olhou e falou:

– Senhores, é muito mais do que necessário, neste momento, que tenhamos muita cautela, que mantenhamos nossos mentais fechados, pois muitos no embaixo perseguem esse espírito. Qualquer tropeço nosso pode representar uma queda brusca para ele, o que resultará em trabalho redobrado, no mínimo, para que o recuperemos novamente.

Mestre Rhady falou:

– Concordo plenamente, sra. Alva! Devemos manter a cautela e nossos mentais, além de fechados, ligados a tudo o que ocorre à nossa volta.

Eu falei:

– E, em hipótese alguma, devemos nos intimidar com todo e qualquer tipo de dificuldade que surja. Porque, percebo, Mestre Rhady, já há alguns "seres" do embaixo rondando a tumba dele.

– Eu sei, Senhor Exu Caveira, que fala de Shaly – disse o Mestre Mago Tutelar de Edgard.

Shaly, um ser bestializado, meio homem, meio rato, há muito perseguia o espírito que aqui chamamos de Edgard. Em uma encarnação longínqua, na Pérsia, ambos foram irmãos de sangue e magos. Acabaram se desentendendo por questões de vaidade e "poderes mágicos". Porém, Shaly negativizou-se por demais e sua queda, após essa encarnação, foi vertiginosa, chegando até as faixas vibratórias mais baixas, "animalizando-se".

Alva deu um passo à frente, formando um triângulo e, com uma determinação mental, envolveu-nos em uma espiral eólica, transportando-nos até a tumba de Edgard.

Quando lá chegamos, surpreendemo-nos com a presença daquele rato, que rondava o caixão.

Edgard, com muito medo, mas procurando não se intimidar, dizia:

– Não conseguirá nada aqui, Shaly, vá embora! De uma vez por todas, você não ganhará nada comigo.

Babando pelos cantos da boca, aquele ser bestial falou:

– Isto é o que veremos, meu escravo! Você me deve muito, muito mesmo! Eu diria que, no mínimo, uns 500 anos sob o meu poder.

– Você é doido, Shaly, pois saiba que isso nunca acontecerá...

Ele interrompeu Edgard:

– Está muito certo disso, escravo! Quem lhe garante isto, aquele seu mestre bobalhão?

Observávamos aquele diálogo em silêncio e ainda não havíamos sido percebidos, quando falei:

– Eu, Exu Caveira, garanto que isto nunca acontecerá, seu rato imbecil!

Shaly me olhou com um semblante que misturava surpresa, medo e desespero, pois, como um ser negativizado que já trilhava pelas sendas escuras há séculos, conhecia muito bem o Mistério Exu Caveira e, em hipótese alguma, ousaria enfrentar-me.

Tentando demonstrar alguma coragem, ele falou:

– Não seja idiota, seu esqueleto! Você vai perder tempo com este monte de carne podre? Vá procurar o que fazer.

– Já sei o que fazer!

Direcionei a ponta do meu cetro, com minha mão esquerda para ele, que foi envolvido em ondas vibratórias pretas, tomando um choque muito forte.

Aos poucos, foi desfalecendo e desapareceu.

Edgard, visivelmente cansado e com voz embargada, falou:

– Agradeço-lhe muito, Senhor Exu Caveira.

Alva disse:

– Infelizmente, não temos autorização da Lei para dar um fim à jornada negativa deste infeliz, mas, com a lição de hoje, ele levará um bom tempo para se recuperar. O suficiente para trabalharmos na sua recuperação, homem equivocado!

Edgard ouviu tudo em silêncio, não esboçando qualquer tipo de reação.

Alva, com sua mão esquerda, projetou a "navalha" amarela até o caixão, cortando todos os cordões escuros que o prendiam ao Mistério de Prisão e Reforma das Consciências. Em seguida, com a mão direita, projetou ondas espirais amarelas que o "descolaram" do caixão e do corpo em decomposição.

Aproximamo-nos do caixão. Mestre Mago Rhady estendeu a mão direita ao seu tutelado que, rapidamente, segurou na mão de seu mentor, levantando-se com dificuldade.

Em pé, ainda tonto, cambaleando, Edgard foi apoiado por mim e Alva, em seus ombros esquerdo e direito, respectivamente. À sua frente, seu Mestre Mago Tutelar aproximou-se bastante, ficando com seu rosto quase colado ao dele, colocou suas mãos sobre seus ombros e, olhando no fundo dos seus olhos, falou:

– Meu menino, preste atenção no que lhe falarei agora: Deus está lhe dando mais uma chance. Esta chance é, na verdade, mais uma encarnação para que, nela, se livre de uma vez por todas dos seus negativismos. A vaidade não deverá mais acompanhá-lo. Siga a trilha da humildade, sirva a Deus, servindo aos seus semelhantes. Seja como já foi em tempos remotos, um mago, um sacerdote que dedicou a vida a Deus, por meio do auxílio, com esses recursos de que é dotado e nos quais será fortalecido, servindo à comunidade onde viverá. Uma prova você receberá, terá a oportunidade de ter *status* e poder. E também reencontrará alguém com quem adquiriu muitas dívidas, mas, também, muitas cobranças. Portanto, muito cuidado, meu menino, pois, além desse, haverá muitos reencontros, que podem acabar de formas desagradáveis ou, até mesmo, trágicas.

Edgard, de cabeça baixa, nada falou.

Acompanhamo-lo até o Cruzeiro das Almas do cemitério. Lá, encontramos dois Mestres Magos ancestralizados do Divino Trono da Evolução: Senhor Mago Mykeval e Senhor Mestre Mago da Luz Gehusyoh.

Aguardavam por nós e por Edgard.

Quando nos aproximamos, saudamos aqueles senhores dirigentes espirituais humanos do Divino Trono da Evolução, dentro da hierarquia do Sagrado Orixá Obaluayê.

O Senhor Gehusyoh falou:

– Meus senhores, minha senhora, aguardávamos com muita expectativa por vossa chegada – olhou para Edgard e prosseguiu: – Senhor (pronunciou seu nome sagrado), nosso trabalho na sua recuperação está atingindo um patamar preocupante. Teve, por meio do Divino Pai Obaluayê, designada a vontade de Deus para o senhor na Criação e, imediatamente, a execução de nossa parte, seus Magos protetores, labutando para que todas as condições lhe fossem dadas para o cumprimento da sua tarefa. Porém, parece-me que o senhor não tem compreendido exatamente o que deve fazer; aliás, se me permite, não tem compreendido exatamente, ao menos, quem é e por que está na Criação de Deus. Porém, o Pai Criador, meu senhor, se não lhe dá a oportunidade de voltar no tempo, dá a eternidade para o recomeço. Mas, no seu caso, a eternidade está virando-se contra o senhor. O que quero dizer com isto? Quero dizer, senhor (citou o nome sagrado de Edgard), que não terá mais muitas oportunidades. Os Sagrados Orixás acharam por bem dar-lhe mais uma chance, e cá estamos nós executando esta Vontade Divina. Mas não pense que, caso se negativize novamente, voltará para a guarda do Mistério de Prisão das Consciências. Seu destino será bem mais "abaixo" deste mistério. Falo isto, para que guarde em seu íntimo e carregue durante toda a sua próxima encarnação esta certeza. E que não a apague, pois isto poderá lhe custar muito caro.

Edgard nada falou, apenas ouviu tudo de cabeça baixa, como um réu que ouve a sentença ditada por um juiz.

O Senhor Mago Mykeval falou:

– Senhor Rhady, entrego-lhe, neste momento, a chave do domínio onde este seu tutelado se preparará para a reencarnação.

Naquele instante, ao seu lado, surgiu uma velha senhora negra, encurvada, trajando vestido lilás, lenço quadriculado branco e preto na cabeça. Ela sorriu para Mestre Rhady. Ele pegou Edgard pela mão direita, conduzindo-o até a Senhora Guardiã da Divina Mãe Nanã Buruquê.

Ela emitiu uma suave gargalhada, carregando-o na direção da cruz naquele Cruzeiro das Almas; ao aproximar-se dela, desapareceram, atravessando o portal.

Mestre Rhady e Mestre Gehusyoh caminharam juntos na direção da cruz, também desaparecendo, atravessando outro portal, quando dela se aproximaram.

Eu e Alva nos despedimos do Senhor Mago Mykeval. Ela nos envolveu na espiral eólica, transportando-nos de volta à pedra, no campo-santo onde eu trabalhava.

Já sentado à pedra, tinha Alva em pé à minha frente. Conversávamos:

– Pelo menos, agora, temos ciência de que ele está em boas mãos, Senhor Exu Caveira!

– Eu sei, Senhora Alva! Em breve, para lá me dirigirei novamente. Devo participar de boa parte das iniciações e da preparação dele; afinal, sou agora o responsável humano pelo seu polo negativo.

– É verdade, meu senhor!

Alva despediu-se e voltou para os seus afazeres ao lado do Mago Yonah.

Fiquei meditando, sentado à pedra, naquele final de século XVII, acerca das novas responsabilidades que a mim se apresentavam.

O que posso relatar aqui é que esse espírito reencarnou na Inglaterra, em Cambridge, com o nome de Edgard Mitrew. Lá reencontrou Lara, além de outros amores e desafetos. Acabou optando por um caminho um pouco diferente do que lhe fora designado, mas isto é assunto para outra obra.

5º COMENTÁRIO

O Ser Não Consegue Manter a Ordem à Sua Volta Se Não Ordena o Seu Mental

Esta última história foi colocada nesta obra para que você, caro leitor, tenha noção de quão importante é manter o senso de ordenação em sua vida.

Ordenar o seu dia a dia, suas atividades, tarefas, dividindo-as justamente. Ordenar suas ideias, pensamentos, metas, objetivos. Ordenar as suas palavras, atitudes... tudo isso é, em realidade, andar na linha reta da Lei.

Quando o ser pensa antes de falar ou de agir, a fim de não causar consequências danosas a si e aos semelhantes, ele está agindo de forma ordenada.

Guiar-se pela vaidade, pelo ego inflado, levá-lo-á, com certeza, à desordenação e, por consequência, a colher frutos nada saborosos dessas práticas.

Portanto, deixo aqui, por este breve comentário, esta semente para a sua reflexão.

Será que está vivendo de forma ordenada? Desordenar a sua vida é desordenar a Criação de Deus. Desordenar o que ou quem está à sua volta, também.

Pense profundamente nesta questão, pois, sem ordenação, andando fora dos ditames da Lei, o ser chegará a caminhos por ele não desejados, quando agiu sem pensar nas consequências.

Leve estes questionamentos para junto do seu travesseiro.

A seguir, uma história de alguém que você já conhece muito bem e que atentou contra o Sentido da Evolução.

Atentando Contra a Evolução e Contra a Vida

Sentado à pedra, no campo-santo, organizava as ideias para este trabalho chegar ao plano material.

Muitos detalhes eram revistos por mim, para que pudessem ser transmitidos em uma linguagem simples e compreensível a todos.

Nunca imaginei que seria fácil a abertura deste Mistério; afinal, o ser humano, principalmente enquanto encarnado, deixa-se tomar pela ilusão, pela vaidade e pelo ego inflado e, invariavelmente, pensando estar conduzindo por si só a sua vida, mantém-se escravo desses sentidos maléficos ao equilíbrio mental e espiritual.

Contudo, tinha plena convicção de que o trabalho deveria ser feito da melhor forma, pois, se em alguns casos não alcançaríamos a compreensão das pessoas, provocando-lhes alguma revolta ou a afloração da ignorância, em outras teríamos o despertar de algo que já habitava seus íntimos, ou seja, a busca pela compreensão e o conhecimento, principalmente o autoconhecimento. Porque é o autoconhecimento o alicerce para que o Sentido do Conhecimento flua bem na vida de qualquer ser humano.

Por um instante parei, olhei para a frente, e lá estava Alva, sorrindo para mim.

— Percebo que está bem contente, Senhora Alva!

— Estou muito feliz, Senhor Exu Caveira, pois, a partir do diálogo que travaremos, tenho certeza de que me sentirei mais aliviada.

Fiquei olhando para aquela mulher. Diga-se de passagem, uma belíssima mulher.

— E o que conversaremos, que já a faz assim tão feliz?

— O senhor precisa concluir seus estudos acerca do Mistério de Prisão e Reforma das Consciências. E eu pretendo contribuir, relatando a minha experiência neste mistério e, assim, aliviar minha consciência, tirar um pouco do peso secular que carrego nos ombros.

— Está falando da sua experiência após todos estes séculos de serviços prestados a este Mistério, Senhora Alva?

— Não exatamente, Senhor Exu Caveira! Falo, mais especificamente, da minha experiência quando estive presa ao caixão.

Em silêncio, continuei a ouvi-la.

— Na encarnação em que convivemos, no Egito, Senhor Guardião Cósmico do Sétimo Sentido da Vida, eu exacerbei. Negativizei-me por demais. Usei dos recursos de magia que me foram concedidos por Deus em benefício próprio, ou melhor, em benefício do meu mental mesquinho, à época, e acabei, ao final, sendo encaminhada diretamente para o Mistério de Prisão e Reforma das Consciências. Fui recebida pelo Senhor Yonah.

Ou, melhor dizendo, quando acordei, presa ao caixão, ele estava lá, olhando-me.

– E qual foi a sua primeira reação? – perguntei a ela.

– Eu não sabia direito, ainda, quem ele era, onde eu estava e por que ali me encontrava.

Lembro que, ao acordar, ele soltou uma enorme gargalhada e passou a falar comigo:

– A senhora é muito bem-vinda por aqui, saiba disso! Tanto fez, tanto clamou por mistérios negativos, que cá está agora, neste momento, para prestar contas dos seus atos, dos seus pedidos, das suas maldades. Sei que ainda não tem forças para falar ou reagir. Mas sei também que tem forças suficientes que lhe permitem pensar, refletir mesmo sobre por que está aqui, por que para cá foi encaminhada e quais as suas perspectivas daqui para a frente.

Ele soltou novamente uma gargalhada e desapareceu.

E eu fiquei ali, sem saber direito quem era, o que fazia naquele caixão nojento e o que deveria fazer para sair dali.

Perguntei a ela:

– Mas em que momento a senhora tomou consciência de toda a situação?

– Não sei precisar o tempo, Senhor Exu Caveira, porque o tempo inexiste para quem se encontra naquela condição. Sei que pensei muito, tive muitas visões, lembranças. Algumas se passavam tão claramente à minha frente, que era como se eu vivesse dentro da cena, vendo-me nela. Lembro-me de que comecei a me desesperar quando vi cobras percorrendo meu corpo no caixão. Comecei a querer entender o porquê daquilo. Aos poucos, fui vendo as cenas, especialmente da encarnação no Egito, onde, por meio do Sentido do Amor, usei pessoas, seduzi, sempre para conquistar meus objetivos.

Porém, se fui encaminhada para a reflexão por intermédio do Mistério de Prisão e Reforma das Consciências, Senhor Guardião, foi, basicamente, por conta de ter atentado contra o sentido da Evolução.

– Consigo compreender sua negativização no Amor, Senhora Alva, até porque, de alguma forma, participei dela. Mas fale-me mais sobre sua negativização no Sentido da Evolução...

– Perfeitamente, Senhor Exu Caveira! Na verdade, penso que me negativizei nos Sete Sentidos da Vida, mas o que ocorreu no Sentido da Evolução, o sexto da vida, foi fundamental para a minha sentença. Porque, em todos, quando me negativizava, a minha real intenção era paralisar a jornada evolutiva de uma determinada pessoa ou um determinado grupo de pessoas, para que passassem a seguir em frente sob minha custódia, sob meus olhos, sob minha vontade... sob minha vaidade.

Envergonhada, ela abaixou a cabeça, como se aquela lembrança a entristecesse.

Falei:

– Por favor, prossiga, Senhorra Alva!

Ela voltou a falar:

– A partir de determinado momento da minha vida, naquela encarnação, obtive uma posição de destaque perante certo grupo de pessoas, por intermédio da magia. Eu deveria instaurar lá no plano material uma ordem mágica e religiosa servidora da Lei e da Vida. Essa ordem estaria sob as Divinas irradiações da Mãe Iansã e do Pai Omolu. Porém, minha vaidade fez com que me desviasse do objetivo. E acabei usando dessa "ordem", que, em dado momento, não possuía mais o amparo desses dois amados Orixás, para a concretização dos meus objetivos mesquinhos. Usei dos recursos que recebi para formar magos e magas, mas, no meio do caminho, tornei todos, sem que percebessem, meus escravos. Serviam a mim, às minhas vontades e à minha vaidade. Tratavam-me como uma rainha e eu me sentia como tal.

Fiquei estupefato, ouvindo-a. Eu havia desencarnado algumas décadas antes de Alva e não acompanhei esse momento da sua vida completamente, até porque passei alguns séculos bastante ocupado, tentando me livrar dos meus negativismos nas faixas vibratórias do embaixo.

Após parar, respirar fundo e aliviar um pouco sua alma, ela voltou a falar:

– Desencarnei muito doente, Senhor Exu Caveira! Passo algumas horas aqui, listando para o senhor todas as doenças que adquiri na carne, especialmente algumas sexualmente transmissíveis. Tudo o que eu usei negativamente na magia, com a intenção de prejudicar alguém ou de controlar quem quer que fosse, retornou para mim, no fim da vida, em forma de enfermidade. Meu corpo doía, praticamente, da cabeça aos pés. E, aos 80 anos, faleci em meu "castelo", amparada por poucos que ainda me serviam.

E o que me deixa mais triste, senhor Guardião, é saber que alguns destes que me serviram ainda perambulam pelas trevas da ignorância humana, mas, infelizmente, ainda não obtive autorização para libertar qualquer um deles.

Abaixou a cabeça, suspirou e, em seguida, prosseguiu:

– Até porque ainda necessito me libertar completamente.

– A senhora ainda se encontra sob a tutela do Mistério de Prisão e Reforma das Consciências?

– Não exatamente, Senhor Exu Caveira, mas a minha consciência ainda não me libertou. E o senhor sabe muito bem que a maior prisão que há é a consciencial. Como poderei auxiliar alguém a se libertar, se eu ainda não me libertei. É por isso, também, Senhor Guardião, que ainda não tenho autorização do Mistério para trabalhar sozinha. Por isso, invariavelmente, solicitamos o seu auxílio e de outros guardiões amigos.

– E como a senhora acha que se libertará?

– Não há outro jeito, meu senhor, que não seja pela via do trabalho. Só o trabalho que realizo por este mistério, servindo ao meu Mestre, Senhor Yonah, limpará a minha consciência e me tornará um espírito liberto. E só eu posso sentir isso, só eu saberei quando esse momento chegar.

As palavras de Alva, naquele momento, serviam de aprendizado para mim. Havia passado por algo semelhante, conforme o caro leitor saberá logo mais à frente, neste livro, e compreendia perfeitamente seus sentimentos e suas perspectivas.

– Mas fale-me mais, Senhora Alva, da sua experiência presa ao caixão.

– Após a visita do Senhor Yonah, muito tempo se passou. Fiquei lá refletindo e, certo dia, recebi a visita da Senhora Pombagira Maria Molambo do Cruzeiro das Almas, que me disse que eu deveria me preparar, tanto energética quanto consciencialmente, para o trabalho.

Lembro que ela me falou:

– A Divina Mãe Iansã das Almas auxiliará o Divino Omolu mais diretamente, a partir de agora, na guarda deste mistério. Ela será, dentro dele, os olhos, as mãos e as pernas da Lei Maior e da Justiça Divina, na guarda deste mistério de Prisão e Reforma das Consciências. Para isso, mulher, necessitará de uma filha humana ancestralizada da Mãe Iansã Maior aqui dentro, para ser a ligação entre o Mistério Iansã das Almas e o Mistério de Prisão e Reforma das Consciências, do Divino Senhor Omolu. E você receberá esta chance, mulher; não a desperdice!

Ela emitiu uma gargalhada, rodou a barra da sua rubra saia sobre a cabeça e desapareceu. E foi a partir daquele instante, Senhor Exu Caveira, que passei a refletir. E concluí, naquele momento, que Deus é realmente magnânimo. Pois, por mais que erremos, sempre, de algum modo, nos dá uma oportunidade para nos repararmos perante Ele. E foi com essa consciência que busquei forças lá no fundo do meu íntimo para levantar dali e seguir em frente, até este momento, em que cá estou, relatando minha história e sentindo-me um pouco mais aliviada.

– Gostaria que me relatasse, Senhora Alva, um pouco mais sobre as atitudes em sua última vida na carne que considera terem sido decisivas para que atentasse contra o Sentido da Evolução.

– Pois bem, Senhor Exu Caveira, serei muito breve no relato, mas creio que aquilo que aqui falarei será suficiente para a sua compreensão e de todo aquele humano encarnado que até esta obra chegar. Por intermédio do sentido do Amor, pude usufruir de dinheiro, conforto e aquele pseudopoder que até hoje ilude a muitos no plano material. Usava da minha beleza e sensualidade para atrair os homens. Meu único objetivo, nesses casos, era conseguir deles dinheiro e bens materiais. Assim, fui galgando degraus e conquistando, materialmente, tudo o que considerava necessário para a concretização do meu objetivo principal que era ser uma "rainha". Por esse objetivo mesquinho, na verdade, eu desejava ter muitos homens e mulheres aos meus pés. Considerava que, assim, teria tranquilidade e estaria bem guardada com relação a possíveis ataques, que, inconscientemente, eu pressentia e, por meio de sonhos, à época, eu via.

– A quais ataques a senhora se refere?

– Hoje posso afirmar, Senhor Exu Caveira, que eu temia, ainda que inconscientemente, as cobranças de senhores do embaixo aos quais já estava ligada há alguns séculos. Enquanto vivi na Era Cristalina, em Atlântida, usei dos dons magísticos e religiosos que me foram concedidos por Deus, para angariar bens e para crescer "politicamente" na comunidade onde vivia. Só isto, naquela época, já me reservou alguns anos presa a um domínio trevoso. Quando consegui de lá me libertar, confesso-lhe, as perseguições não cessaram, mas, orientada por Senhoras Emissárias da minha Divina Mãe Iansã, fui encaminhada para uma preparação no campo-santo, sob a custódia da Senhora Orixá Intermediadora Iansã das Almas. E, infelizmente, quando reencarnei no Egito, acabei recuando, andando alguns passos para trás, o que me levou, após o desencarne, para a prisão na tumba. Porém, falando especificamente das minhas atitudes nesta última vida, digo-lhe: muitas coisas, entre elas meu envolvimento com o senhor, à época, e minhas desavenças com Lara, me convenceram de que o caminho da vingança seria o correto. Só que, na verdade, nem eu sabia direito do que ou de quem estava me vingando. Sei que promovia encontros pseudorreligiosos ou magísticos, para os quais, por intermédio dos meus asseclas, atraía muitas pessoas e as convencia de que deveriam "filiar-se" à minha ordem, que era o caminho mais correto para todos.

– Mas, então, a senhora se negativizou na Fé?

– Também, Senhor Exu Caveira. Como lhe falei, negativizei-me nos Sete Sentidos, mas a Lei Maior e a Justiça Divina me puniram pelos erros que cometi no Sentido da Evolução, pois minhas atitudes ignorantes, invariavelmente, paralisavam a senda evolutiva dessas pessoas. Se, em um primeiro momento eu as atraía pela Fé, logo em seguida as tornava dependentes de mim, não só na sua religiosidade, mas na vida como um todo. E isto foi determinante para que eu fosse considerada uma "fora da lei" no Sentido da Evolução.

– Posso compreender, Senhora Alva, posso compreender.

– Então, Senhor Exu Caveira, este é meu relato. Espero que contribua para o seu trabalho, pois para mim contribuiu, e muito, vir aqui lhe falar sobre isso tudo, aliviando minha alma.

– Perfeitamente, Senhora Alva, tenha certeza de que sua colaboração foi enorme. Apenas gostaria que relatasse como se deu sua saída do caixão, seu desligamento do Mistério de Prisão e Reforma das Consciências.

– Na verdade, meu senhor, o que ocorreu naquele momento foi minha libertação da tumba, pois nunca mais me desvencilhei deste mistério, apenas mudei de lado. E afirmo-lhe: não pretendo nunca mais deixar de servir a ele, como sirvo no momento. Porém, posso lhe afirmar que minha saída da tumba não foi nada diferente das que o senhor já presenciou. O meu Mestre Yonah, à época, não possuía nenhum auxiliar direto. Já havia passado por ele um emissário do Senhor Ogum Naruê, mas rapidamente galgou um novo grau na hierarquia desse Sagrado Orixá e acabou abandonando o posto, deixando-o vago. E o Senhor Yonah tanto suplicou ao Divino Omolu por uma auxiliar feminina, que acabou tendo esta concessão, por meio do seu Orixá Ancestral e da Divina Mãe Iansã das Almas. Bem, o que o senhor me viu fazer em todos os casos em que libertei os espíritos do caixão foi realizado pela Senhora Maria Molambo do Cruzeiro das Almas, sob os olhos do Senhor Yonah. Ela emitiu raios amarelos cortantes, que romperam os cordões que me prendiam ao caixão; em seguida, ondas vibratórias curvas movimentadoras. Assim, fui liberta e encaminhada por ela às emissárias da Divina Iansã das Almas, onde fui preparada. Não foi nada fácil a preparação, Senhor Exu Caveira, pois tive de libertar-me de vários pactos e compromissos assumidos anteriormente com senhores e senhoras do embaixo, cortando esses cordões. Sofri muito, mas sempre consciente de que estava anulando as sementes que eu plantei.

Ela suspirou e concluiu:

– Foi assim que tudo se deu, Senhor Exu Caveira!

– Agradeço imensamente pela sua disposição em vir até aqui e contribuir com este trabalho, Senhora Alva.

– Para mim é um prazer, pois contribuo com o seu trabalho e alivio minha consciência.

Sorri para ela em agradecimento.

Ela sorriu para mim, envolveu-se em uma espiral eólica e desapareceu.

Eu tinha, naquele momento, vários exemplos (a maioria não citada nesta obra) de negativizações nos Sete Sentidos da Vida (Fé, Amor, Conhecimento, Justiça, Lei, Evolução e Geração). Com o depoimento de Alva, já havia selecionado os primeiros seis, mas ainda restava escolher a sétima e última história, de alguém que atentou contra a Vida, contra o Sétimo Sentido, aquele no qual sou um Guardião cósmico.

E, neste caso, procurava uma história muito especial, que custei a encontrar. Mas vocês a conhecerão no capítulo a seguir, logo após meu breve comentário acerca deste que aqui encerramos.

6º COMENTÁRIO

Somente a Transmutação Trará a Estabilidade

A reflexão, a atuação do fator humildade em sua consciência, em detrimento do fator vaidade, foram fundamentais para a transmutação de Alva, enquanto presa ao Mistério de Renovação das Consciências.

O objetivo deste Mistério que está sob a irradiação Divina do Pai Omolu e guarda da Senhora Iansã das Almas é exatamente este: provocar reflexão no ser que se negativou, em qualquer um dos sete sentidos, atentando, invariavelmente, contra a Vida.

Permanece o espírito, sob a custódia de um Mistério condizente com seu merecimento naquele momento, para que reflita, reforme e renove seu íntimo e volte a caminhar.

Atentar contra qualquer sentido da Vida é atentar contra a Vida. Atentar contra o sentido da Evolução é atentar contra a Vida.

Porque é este, o sexto sentido da Vida, fundamental para o fluir da caminhada de qualquer ser e da Criação como um todo.

Tivéssemos todos evoluções equilibradas, não teríamos na dimensão humana da vida (a 22ª das 77 existentes no planeta) todo o desequilíbrio que se manifesta mais e mais a cada dia, especialmente no plano material.

Transmutação e Estabilidade são verbos (ou funções) fundamentais nestes sentidos da Vida. São essenciais para a Evolução e para o fluir da Vida como um todo.

O ser que reflete, avalia-se e, ao menos, busca a transmutação constantemente, tenha certeza, caro leitor, estará trilhando o caminho correto, o caminho que leva à divinização do espírito.

Buscando este fator (o da transmutação), terá estabilidade na caminhada e chegará onde deve, como citei anteriormente.

Portanto, caro leitor, dê ouvidos ao seu coração. Mesmo que, à sua volta, muitas pessoas tentem puxá-lo para o caminho contrário. Vá sempre em busca da transmutação e da estabilidade, e se colocará diante da Evolução plena e do fluir da Vida.

Espero que este relato sirva de exemplo e também para a sua reflexão.

Vamos agora à sétima e última história, de alguém que não só atentou contra a vida mas também a desafiou.

Atentar Contra a Vida é Atentar Contra os Sete Sentidos

Ainda falando sobre o caso de Alva, que se negativizou, fundamentalmente, no Sexto Sentido da Vida, cabe aqui uma observação: tentar dominar as mentes dos semelhantes, especialmente por meio da Fé e, por consequência, paralisar suas evoluções, é um fenômeno negativizador humano que vem de longe; porém, ainda é muito presente aí no plano material. Observe à sua volta e atentará para o que estou falando.

A última história que relatarei, caro leitor, teve seu início em tempos remotos, para ser mais exato, na Era Cristalina, em Atlântida.

O personagem central deste caso que, a partir de agora, abordaremos, negativizou-se por demais no Sétimo Sentido da Vida, o da Geração. Justamente o sentido no qual foi ancestralizado pelo Pai Criador, em seu lado cósmico (é um filho do Pai Omolu).

E, quando manifestou seus negativismos, ele o fez justamente naquela que é a sua principal essência, a do zelo pela vida.

Achei por bem, no último caso deste livro, relatá-lo por meio de um diálogo com o protagonista da história; afinal, trata-se de negativizações que tolheram, pararalisaram, anularam muitas vidas. E é sobre a Geração, a Criatividade e a Vida que falaremos a partir de agora.

Você conhecerá, daqui para a frente, um pouco da história desse homem.

Para fechar esta obra com chave de ouro, solicitei uma audiência com o Senhor Mago Yonah, em seu domínio, para que conversássemos e eu pudesse ouvir seu relato referente a tudo o que fez e passou.

– Senhor Exu Caveira, saiba que é muito importante para mim contribuir com os seus estudos e também com todos aqueles viventes no plano material que até este seu livro chegarem. Eu fui um Mago que, ainda encarnado na Era Cristalina, em Atlântida, obtive muito conhecimento acerca dos Mistérios Divinos, da Ciência de Deus; porém, minha soberba, como em um sopro (apesar de todo o conhecimento adquirido por mim), levou-me ao caminho da ignorância. E, trilhando essa senda, com todo o conhecimento que adquiri, passei a cair vertiginosamente. Primeiro, ligando-me a domínios do embaixo, preso por eles (sem perceber, é claro) por grossos cordões cinzas, pretos, todos muito escuros! Depois, quando me vi desesperado, eu já era "senhor de um domínio" na quarta faixa vibratória negativa.

– Relate-me, por favor, Senhor Yonah, essa sua queda vertiginosa, desde o início.

– Senhor Exu Caveira, em minha primeira e única encarnação aqui na Terra, em Atlântida, vivi, durante um certo período, muito bem. Nasci em uma boa família, em que o conforto e o conhecimento me foram dados tão facilmente que, inconscientemente (hoje posso dizer isso), acabei não dando tanto valor a eles até o início da fase adulta. Porém, mesmo assim, guardei-os e, no momento que considerei ideal, passei a usá-los em meu benefício.

Observava-o com extrema atenção e podia perceber a vergonha em seus olhos. Mesmo após muito tempo, aquele homem ainda se sentia visivelmente culpado pelos seus erros, os quais, como o caro leitor perceberá nas próximas linhas, prejudicaram muitas vidas.

– Senhor Exu Caveira, anulei vidas, enquanto encarnado, de muitas formas. Por intermédio dos dons magísticos que me foram concedidos pelo Pai, tirei do meu caminho muitos desafetos. Por meio da Fé, do sacerdócio, dominei, controlei e paralisei muitas vidas que, suprindo minha necessidade à época, me serviam como "escravos" e "escravas" na fé.

Veja, caro leitor, que este fenômeno de controle e domínio de mentes pela religiosidade, aí no plano material, vem desde tempos remotos, manifestando-se ainda nos dias atuais, graças a igrejas eletrônicas, templos gigantescos, manipulados pelas religiões mentalistas.

O Mago Yonah prosseguiu:

– Tudo isso, ainda em vida na carne, Senhor Guardião Cósmico do Divino Pai Omolu, fez com que me tornasse inimigo ou desafeto de várias pessoas, especialmente sacerdotes e magos (alguns, tão imbuídos na vaidade como eu estava, que acabamos nos encontrando e defrontando nas trevas, em batalhas que, a cada episódio, destruíam mais e mais nossos corpos espirituais, mas, principalmente, nossos mentais).

Suspirou, olhou para o alto e voltou a falar:

– Deus é infinito em Sua Bondade, Senhor Exu Caveira! Não fosse a Bondade Maior do Pai, eu não estaria aqui agora relatando esta minha vergonhosa experiência para o senhor. E Ele, em primeiro lugar, seguido do nosso Divino Pai Omolu, que é a manifestação d'Ele no lado cósmico do Sétimo Sentido da Vida, foi o grande responsável pelo meu levante, pelo meu reequilíbrio, pela minha reordenação. Hoje posso dizer ao senhor e a todos os irmãos humanos que acessarem esta obra que sou um homem realizado e sinto-me muito honrado em estar na posição em que me encontro.

Sou um espírito humano que caminha firme no retorno aos braços do Pai, servindo-o com honradez e procurando, a cada instante, reparar meus erros, auxiliando a todos os irmãos, da forma que me é possível ajudar, Senhor Guardião! Sim, é preciso que todos saibam que o Mistério de Prisão e Reforma das Consciências não é um recurso de um "Deus punidor", porque o Pai não pune ninguém. O próprio ser humano é quem dita a sua sentença. E não é também este Mistério uma arma do demônio. Tenha muita atenção para isto, você que está lendo este livro. Esse, ao qual chamam de demônio, não daria a um espírito que por demais errou a chance de, deitado à tumba, rever-se novamente. Ele o executaria.

– O senhor tem toda a razão, Senhor Yonah! É muito importante esta sua declaração para abrir de uma vez por todas a mente dos nossos irmãos no plano material. E também seus olhos, para que se reavaliem, a tempo de retornarem ao caminho que leva ao Pai ainda na carne.

– Exatamente, Senhor Exu Caveira!

– Mas, caro senhor, fale mais sobre a sua trajetória nessa queda vertiginosa.

– Como eu ia dizendo, Senhor Guardião, já na encarnação em Atlântida, peguei tudo o que me foi concedido pelo Pai e joguei ao "lixo", literalmente. Usei da magia para me beneficiar nas mais diversas ocasiões, usei da fé para controlar mentes.

Considerava ter um pseudopoder que, apenas, alimentava meu mental torto. A partir de então, eu mesmo já não tinha mais controle sobre meus atos. Não sabia, na época, mas estava completamente controlado por senhores do embaixo, aos quais havia me ligado, especialmente, por meio da magia baixa que praticava.

Desencarnei e fui direto para um domínio na segunda faixa vibratória, à esquerda da dimensão humana, onde fui escravizado por um senhor que por demais me torturou. Eram torturas "conscienciais", Senhor Exu Caveira! Ele, em momento algum, usou da sua força contra mim. Torturava-me com palavras e pensamentos aterrorizantes. Aquele ser tinha um controle tão grande sobre o meu mental, que um simples pensamento dele a mim direcionado com a intenção de me apavorar fazia com que eu me debatesse. Eu queria morrer em definitivo, queria sumir dali, sumir do Universo. Mas mal sabia eu que ainda havia muita estrada pela frente. Porém, caro Guardião, tudo aquilo me serviu, ao decorrer da minha caminhada negativizada, para uma coisa: aprendi com aquele homem a usar a mente para controlar seres através dos seus polos negativos. Não sei se ele, conscientemente, tinha a intenção de me ensinar. O que sei, e posso lhe garantir, é que aprendi.

– E isso, após o seu retorno ao caminho correto, tem lhe servido de alguma forma, caro senhor?

– Por mais incrível que possa parecer, tem sim, Senhor Exu Caveira! Hoje, possuo um autocontrole mental acima da média, tenho consciência disso. E, graças ao autocontrole, consigo adentrar o mental daqueles que tentam invadir meu domínio, antes que o façam. Porque há muitos senhores do embaixo que querem invadir, destruir meu domínio, a fim de capturar os espíritos que se encontram sob a nossa tutela.

– Durante quanto tempo o senhor ficou sob a tutela desse senhor do embaixo?

– Aproximadamente quatro séculos, Senhor Exu Caveira! Quando me vi liberto, passei a perambular pelas faixas vibratórias negativas. Encontrei vários desafetos e com eles me defrontei; fiz muitos outros, o que, aliás, me causa sérios problemas até hoje. Nessa peregrinação fiquei mais uns três séculos, quando fui capturado por um Guardião do Senhor Ogum Naruê e encaminhado ao Mistério de Prisão e Reforma das Consciências.

– Após cerca de sete séculos o senhor voltou ao caixão?

– Sim, caro Guardião, acabei voltando à tumba que, ao contrário de todas as outras já citadas nesta obra, se encontrava submersa junto ao continente onde vivi encarnado.

– Compreendo, Senhor Yonah!

– Eu sei, Senhor Caveira, que muitos que lerão este meu depoimento o julgarão "fantástico", exagerado e fictício, mas todos sabemos que é a mais pura verdade. Porém, muitos ainda consideram a vida após a carne (especialmente em seu polo negativo) pura ilusão.

– Sim, caro senhor, consideram ilusão, mas vivem banhados na ilusão dos meios de comunicação, da internet, veículos pelos quais os senhores das trevas atuam com muita competência, aguçando o ego e a vaidade dos seres e colocando-os aos seus pés, como seus servidores, sem que ao menos percebam.

– É verdade, senhor Exu Caveira!

– Depois de sete séculos entre um domínio do embaixo e a peregrinação pelas trevas, o senhor voltou ao caixão. Fale mais sobre essa experiência, caro Yonah!

– Perfeitamente, caro Guardião! Vamos lá: quando estive preso, fiquei sob a tutela de uma maga que, até hoje, é guardiã do Mistério de Prisão e Reforma das Consciências, daqueles que atentaram contra a Vida, na Era Cristalina, em Atlântida e também no Egito Antigo, até aproximadamente o ano 1000 a.C.

Esta senhora, que atende pelo nome de Cynah, dentro dos limites impostos pelo Mistério, foi muito bondosa comigo. Dava-me até mesmo uma atenção especial. E essa atenção dela para mim facilitou bastante a minha fuga.

– E como se deu a fuga?

– Fui aproveitando-me da bondade dela, até que, um certo dia, consegui penetrar em seu mental e descobri de que forma poderia usar o raio amarelo cortante e o raio amarelo espiral movimentador. Mas, ainda assim, me mantive com os pés colados. Então, usando, pelo meu mental, de raios roxos, desentravei meus pés e consegui sair andando dali.

– E foi muito longe?

– Fui sim, Senhor Exu Caveira! Na época, eu achava que havia "passado a perna" no mistério. O que eu, na minha ignorância, mal sabia era que, na verdade, o mistério abriu-se para que eu saísse, perambulasse pelas trevas e iniciasse a minha queda vertiginosa. Na verdade, caro amigo, a Senhora Cynah, com sua suposta bondade, permitiu que eu mesmo cavasse meu buraco e me afundasse. Porque foi a partir de então que desci para a terceira e quarta faixas vibratórias negativas, respectivamente. Consegui, rapidamente, arrebanhar alguns espíritos perdidos, ainda na terceira faixa, e fui formando meu "exército do mal", a fim de tomar domínios e aumentar meu pseudopoder (que nada mais era, na verdade, que a ampliação da minha ignorância).

Ele prosseguiu:

– A partir das trevas, fui ampliando minhas forças e de lá atingia desafetos adquiridos ainda na minha encarnação ou outros que consegui no embaixo, e que se encontravam reencarnados. Criei carmas muito fortes no Reino Unido, nas Filipinas, na Dinamarca e até no Brasil pré-colonial, por conta dessas investidas. Por isso, hoje, cuido especificamente desses países através do Mistério de Prisão e Reforma das Consciências. Aliás, falando-se especificamente no Brasil pré-colonial, tenho uma dívida eterna com um Mistério manifestado na Umbanda com um Caboclo do qual aqui não citarei o nome. O hierarca desse Mistério (o chefe da falange), no passado, em Atlântida, foi um desafeto meu. Porém, ele se voltou para o alto e resgatou todos os seus carmas, principalmente em sua encarnação no Brasil como Pajé de uma tribo nativa, podendo, mais tarde, arrebatar espíritos para a sua falange servidora da Luz no Ritual de Umbanda.

Aquela revelação feita pelo Mago Yonah, naquele momento, foi fundamental para os meus estudos e uma compreensão mais profunda do Mistério de Prisão e Reforma das Consciências.

Um espírito que havia passado por vários estágios nas faixas vibratórias negativas (pelo Mistério de Prisão das Conscências, inclusive), é hoje um hierarca de Mistérios Espirituais Humanos à Direita no Ritual de Umbanda. Então, podia, naquele momento, concluir que isto não teria acontecido exclusivamente conosco, as falanges da Esquerda (Exus, Pombagiras) e com outros Magos que labutavam em Mistérios como estes, sob a irradiação do Pai Omolu.

E com esta compreensão, pude entender melhor a função dos Mistérios Corretores, Cósmicos, à Esquerda da Criação. Eles, realmente, trabalham à Esquerda, mas em prol da Criação como um todo.

O Mago Yonah prosseguiu falando da sua trajetória:

— Manipulando aquele exército de espíritos negativos, dividia minhas forças em duas frentes: usá-los para atacar meus desafetos encarnados e também para derrubar alguns domínios não tão fortalecidos. Alguns deles eram especialistas em obsessão. Praticavam-na de forma sutil, Senhor Exu Caveira! Não atuavam de forma desesperada, sugando energias e deixando os encarnados visivelmente prejudicados espiritualmente. Sabiam atuar na consciência do ser e, de modo bem eficaz, conduziam-no e até faziam com que pensasse estar sendo guiado por seus Mestres. Afirmo ao senhor que este foi o meu maior trunfo, à época. Porém, como tudo tem um fim, em dado momento, quando esses obsediados começaram a desencarnar, vi-me perseguido nas faixas vibratórias negativas. E, se eu tinha meu exército, por outro lado, meus desafetos também foram formando os seus.

– Enfrentou muitas batalhas, então, Senhor Yonah!

– Não foram poucas, Senhor Caveira! Já na terceira faixa vibratória negativa, pude experimentar o dissabor de ter meu domínio invadido, algumas dezenas de vezes. Nas primeiras, ainda bem fortalecido, pude derrotar os inimigos, mas, com o passar do tempo, fui me enfraquecendo e, aos poucos, fui vendo meu exército cair. Muitos dos meus "soldados" enlouqueceram, alguns fugiram, outros caíram para as faixas mais baixas e alguns se entregaram aos dominadores.

Ele abaixou a cabeça, lágrimas escorreram dos seus olhos. Prosseguiu:

– Quando me vi praticamente sozinho, lembro até hoje, olhei para minhas mãos e não as achei. Encontrei patas de cachorro. Olhei para os meus pés e tive a mesma visão. Ouvi uma gargalhada, olhei para a frente e vi um cão enorme, porém com olhar e sorriso humanos, latindo, gargalhando, babando e olhando firmemente para mim. Lembro que me falou o seguinte: "Você nem percebeu, seu infeliz, que caiu mais uma faixa vibratória para baixo. A partir daqui, a 'felicidade' o aguarda, homem cão!". Ele gargalhou muito, tentei sair correndo, caí ao chão, de quatro, e não consegui mais me levantar. Quando me dei por conta, eu já corria como um cachorro, latia, grunhia. Após certo tempo, consegui me colocar em pé novamente, então vi que, naquele momento, eu tinha forma de homem da cintura para baixo e de cão da cintura para cima. E assim passei, durante muito tempo, aproximadamente dois séculos, alternando entre a forma completa de um cão e a forma mista homem-cão.

– Em que momento o senhor se deu por conta de que deveria voltar-se para Deus, caro amigo?

– Em qualquer situação que vivi, ao longo da minha existência, Senhor Exu Caveira, sempre tive uma força mental muito grande. Mesmo nas faixas vibratórias mais baixas da dimensão humana da vida, ainda assim, meu mental captava, rápida e facilmente, diálogos mentais que por ali ocorriam. E, em uma dessas captações, pude perceber que, entre os planos do senhor daquele domínio, estava o de negociar-me com um domínio da quinta faixa negativa, em troca de uma dívida que possuía com aquele senhor.

Ele parou por um instante, suspirou e, balbuciando, prosseguiu:

– Foi quando eu, já sem forças, olhei para o Alto e me dirigi ao Pai; pedi-lhe perdão, clemência e misericórdia, implorando que me tirasse daquele lugar; que eu serviria a Ele de qualquer forma, mas que, ali, eu não poderia e não queria ficar mais.

– E o que aconteceu, Senhor Yonah?

– Adormeci instantaneamente, caro Guardião. Acordei-me sendo arrastado pelo pescoço, de forma bruta e viril, pelo Senhor Tranca Ruas das Almas. Ele me arrastava e falava: "Vamos, animal infeliz, o Senhor Ogum Naruê quer vê-lo!".

Fui arrastado e humilhado por aquele Exu, que era um espírito muito forte, até o domínio do Senhor Ogum Naruê. Lá chegando, fui levado até ele, o Orixá Senhor daquele domínio. Não preciso dizer que ouvi tudo o que eu merecia ouvir. Fui colocado, durante algumas décadas, como servidor dele, em seu domínio. Mas, garanto-lhe, tudo lá era melhor do que eu já havia passado em qualquer buraco dos trevas onde estive.

— E qual foi a sua função mais específica nos domínios do Senhor Ogum Naruê?

— Eu auxiliava a todos os Exus servidores dele e também algumas Pombagiras que tinham seu amparo em seus trabalhos de resgate nas trevas. No início, ficava no domínio, aguardando chegarem com esses espíritos e preparava tudo o que era necessário para recebê-los. Depois, passei a "estagiar" com alguns Exus nas suas investidas às trevas. Trabalhei bastante ao lado do Senhor Tranca Ruas das Almas, mas também estive ao lado do Senhor Exu das Sete Encruzilhadas, do Senhor Exu Sete Covas e até do Senhor Exu Sete Capas. Esses "estágios", Senhor Exu Caveira, aliados à vivência que tive nas trevas, foram fundamentais para que eu fosse designado pelo Pai Omolu, após o término do meu período servindo ao Senhor Ogum Naruê, para ocupar este posto onde estou até hoje, na guarda do Mistério de Prisão e Reforma das Consciências.

— E como se deu essa transição, caro amigo?

— Bem, senhor Guardião cósmico do Sétimo Sentido da Vida, certo dia o Senhor Ogum Naruê me chamou para conversar. Designou ao Senhor Tranca Rua das Almas que me levasse até onde ele já havia determinado. Quando dei por mim, estava à frente do Divino Pai Omolu, no polo negativo do Cruzeiro das Almas. E o que posso lhe dizer é que nosso Pai Divino, com muita austeridade, mas com um amor infinito, orientou-me e me designou para estar aqui agora.

Ele suspirou e falou:

– Foi assim que tudo aconteceu, Senhor Exu Caveira!

– Uma última pergunta, Senhor Yonah: o senhor considera-se um espírito recuperado por ter atentado contra a vida ou contra o seu Sétimo Sentido, o da Geração?

– Caro amigo Guardião, quem atenta contra qualquer um dos sentidos, atenta contra a vida. E quem atenta contra a vida, atenta contra qualquer um dos sentidos.

Aquela resposta selou o depoimento daquele Guardião, fechando-o com chave de ouro.

Despedi-me do Mago Yonah, agradecendo-lhe imensamente pela colaboração com o trabalho, não só com seu depoimento, mas por ter facilitado o tempo todo os nossos estudos, abrindo as portas do Mistério de Prisão e Reforma das Consciências.

Por isso, deixo aqui meu agradecimento público a ele; à Alva, que foi sempre fundamental para o trabalho; aos Senhores e Senhoras Orixás da Justiça e da Lei (fundamentalmente, ao Senhor Ogum Naruê e Senhora Iansã das Almas) e ao Divino Pai Omolu, por ter me dado o privilégio de estudar, compreender e propagar este Mistério; e a Deus, Pai Criador, acima de tudo.

Encerramos por aqui a derradeira história deste livro. A seguir, o último comentário.

7º COMENTÁRIO

Zelar pela Vida é Dever de Todos Nós

Se você pôde ler, na sétima e última história, o depoimento emocionado de um espírito que por demais atentou contra a Vida quando inverteu seus sinais, saibam, hoje temos nele um grande servidor de Deus na Criação e um ótimo zelador da vida.

Portanto, pretendo que isto sirva de exemplo para você. Antes de julgar as atitudes de qualquer semelhante seu, olhe para as suas.

Você nunca atentou contra a vida? Vamos ver: quantos insetos e formigas você já matou?

Parece bobagem isto, não é mesmo? Mas não é.

É sim função sua, como de todo ser vivente no plano material ou em qualquer outro da dimensão humana, zelar pela Vida que Deus propiciou e proporcionou.

Saiba que, muitas vezes, você destrói outra vida com palavras e atitudes.

Saiba que, invariavelmente, pessoas se enclausuram em seus íntimos, nunca mais saindo deles (ou seja, nunca mais externalizando sentimentos, opiniões, desejos), por conta de palavras ou atitudes que lhes enfraqueceram.

Há muitas formas de se atentar contra a Vida.

Impedir a geração, a criação de qualquer projeto que vá beneficiar o todo ou uma comunidade é atentar contra a Vida.

O Sétimo Sentido da Vida, da Geração e da Criatividade, é o trampolim para a realização, a plenitude, pois já terá o ser passado pela Fé, pelo Amor, pelo Conhecimento, pela Justiça, pela Lei, pela Evolução. Ele não pode, justamente na hora do salto final, da Geração, ser impedido, ser paralisado.

Por isso a afirmativa de que quem atenta contra a Vida atenta contra os outros seis sentidos, porque de nada adiantará por eles ter passado se, na hora de concretizar a geração, de criar, houver impedimento. Assim como uma paralisação em qualquer um dos seis sentidos impedirá a chegada até o sétimo sentido e, por consequência, a geração, a criação.

Portanto, caro leitor, pense e reflita muito bem acerca de tudo o que leu aqui, nestas sete histórias, nos Sete Sentidos da Vida.

A Vida, a Criação, está em suas mãos. E o que você fará com isto?

Depoimento Final

Vivi em Atlântida, na Era Cristalina. Fui mago e sacerdote, assim como tantos outros que hoje labutam na Umbanda e na Quimbanda.

Vivi, mais tarde, entre os egípcios. Em seguida, fui sacerdote em uma tribo africana.

Em todas essas experiências na carne, pude sempre lidar com magia, feitiços e bruxarias.

Em uma encarnação no Egito, convivi com este homem que hoje escreve esta história, ou, trocando em miúdos, este médium psicógrafo.

Tivemos, nessa encarnação, bons e maus momentos. Trabalhamos juntos até dado momento, quando nos tornamos inimigos por divergências comerciais.

E a magia passou a ser a arma que usávamos um contra o outro.

Deparamo-nos no astral, novamente, há aproximadamente 1.500 anos; tivemos um forte embate, mas, ao final, abraçamo-nos e nos entendemos definitivamente.

Separamo-nos, ele reencarnou. Eu, não mais.

Fui chamado pelo Pai Obaluayê e apresentado ao Senhor Exu Tatá Caveira, que, em seguida, me levou ao hierarca deste Mistério no qual atuo, momento em que me tornei um Exu Caveira.

Nos últimos seis séculos, designado pelo meu Pai Omolu (meu Ancestral Divino), sou o Guardião à Esquerda deste médium representando este Divino Orixá em sua vida e mantendo nela a chama viva do lado cósmico do Sétimo Sentido da Vida.

Este depoimento tem o intuito de mostrar a você, caro leitor, que nada é definitivo, tudo pode mudar. Você pode mudar de bons para maus pensamentos, como pode mudar de más para boas atitudes.

Só depende de você, do seu direcionamento mental.

As pessoas que foram expostas nesta obra concordaram e fizeram questão de servir como exemplo aos irmãos do plano material que, segundo algumas delas, se encontram perdidos na senda da ilusão.

Todos os relatos aqui constantes são reais. Nenhum personagem desta obra é criminoso e, portanto, não deve ser julgado por você ou quem quer que seja.

Pretendo que este livro sirva para que você reavalie suas atitudes, pensamentos e seu direcionamento na vida. E que possa, a partir dele, se for o caso, recuar e recomeçar.

Volte-se para o seu íntimo, com humildade, e saberá o que deve fazer.

Receba um abraço do seu amigo Exu Caveira!